미래 목회 성장 리포트

미래 목회 성장 리포트

지은이 | 김형근
초판 발행 | 2022. 9. 21
등록번호 | 제1988-000080호.
등록된 곳 | 서울특별시 용산구 서빙고로65길 38
발행처 | 사단법인 두란노서원
영업부 | 2078-3352   FAX | 080-749-3705
출판부 | 2078-3331

책값은 뒤표지에 있습니다.
ISBN 978-89-531-4321-0 03230

독자의 의견을 기다립니다.
tpress@duranno.com   www.duranno.com

두란노서원은 바울 사도가 3차 전도여행 때 에베소에서 성령 받은 제자들을 따로 세워 하나님의 말씀으로 양육하던 장
소입니다. 사도행전 19장 8~20절의 정신에 따라 첫째 목회자를 돕는 사역과 평신도를 훈련시키는 사역, 둘째 세계선
교(TIM)와 문서선(단행본·잡지) 사역, 셋째 예수문화 및 경배와 찬양 사역, 그리고 가정·상담 사역 등을 감당하고 있습니다.
1980년 12월 22일에 창립된 두란노서원은 주님 오실 때까지 이 사역들을 계속할 것입니다.

미래
목회 성장
리포트

A Report for
Church
Growth

김형근 지음

두란노

한국 교회에 위기가 찾아왔다는 이야기를 많이 듣는다. 특히 3년간 지속되고 있는 코로나19는 그 위기 상황을 극대화했다. 하지만 하나님은 지금도 살아 역사하시는 전지전능한 하나님이시다. 어떤 위기 속에 있다 하더라도 한국 교회를 긍휼히 여기며 사랑으로 돌보고 계신다. 그렇기 때문에 우리 교회에는 희망이 있고 미래가 있다.

목회에 있어서 가장 중요한 점은 하나님의 뜻을 알고 그 뜻을 실천하여 목회 현장에 적용하는 것이다. 우리는 말씀을 통해 하나님의 뜻을 깨달아 알게 된다. 말씀에 대한 순종이 성공적 목회 사역의 토대다. 하나님의 음성을 듣고 순종하게 되면 세상으로부터 얻을 수 없는 놀라운 지혜와 통찰력을 얻게 된다.

《미래 목회 성장 리포트》는 사랑하는 후배요, 성공적인 목회자요, 동역자인 김형근 목사님이 교회성장연구소 소장으로 사역하면서 닦은 이론과 현장 목회의 체험을 묶어서 한국 교회 앞에 내놓은 책이다. 학문적 완성과 실천적 경험을 겸비하여 한쪽으로 치우침 없이 균형 잡힌 내용을 담고 있다. 더불어 오늘날 한국 교회의 회복을 위한 근본적인 메시지를 잘 담아내고 있다.

무엇보다 이 책은 앞으로 한국 교회 목회자와 성도가 추구해 나가야 할 핵심 가치가 무엇인지를 아주 명쾌하게 제시하고 있다.

이 책이 강조하고 있는 '예배의 회복'과 '이웃 섬김' 그리고 '삶', 이 세 가지 사역을 잘 펼쳐 나간다면 교회가 위기를 오히려 기회로 삼아 모든 어려움을 극복하고 부흥과 성장의 길로 나아갈 수 있으리라 확신한다. 영적인 지혜와 성령의 감동하심이 담겨 있는 귀한 책을 한국 교회 목회자와 평신도 리더들의 필독서로 적극 추천하는 바이다.

아무쪼록 이 책을 통해 더욱 많은 이가 위기 속에서 하나님을 찾고 하나님의 은혜로 모든 어려움을 이겨 내는 지혜를 얻게 되길 간절히 소망한다.

이영훈_여의도순복음교회 담임목사

한국 교회는 코로나 이후 크게 흔들리고 있다. 사실 이전부터 흔들리고 있었으나 코로나로 인해 결정타를 맞은 것이다. 누가 이 사실을 부인할 수 있겠는가? 중요한 것은 이를 계기로 더욱 건강한 교회로 회복할 수 있는 현실적인 대안을 찾는 것이다.

나는 이 책을 읽으면서 답답했던 가슴이 시원스럽게 뚫렸다. 드디어 이 책에서 우리 교회가 다시 일어설 수 있는 대안을 발견한 것이다. 그 대안은 바로 성경적이면서도 현실적인 것이고, 학문적이면서도 구체적인 것이다. 한마디로 복음의 능력에 집중하는 것이다.

이 책은 복음에서 멀리 떠나 있는 현재의 한국 교회의 단면을 여러 곳에서 드러낸다. 일례로, 지역 사회를 위한 섬김이 복음을 전하는 도구가 되어야 하는데 오히려 교회를 성장시키기 위한 도구가 되고 있다고 지적한다. 정말 그렇다. 복음의 핵심은 이타적인 하나님의 사랑이다. 그런데 오늘날 한국 교회는 점점 더 이기적인 공동체가 되어 복음의 본질을 왜곡시키고 있다. 다시 복음의 본질로 돌아가야 한다는 저자의 절규가 귀에 쟁쟁하다.

저자는 교회성장연구소장으로서 근거이론과 내러티브 방식을 사용하여 한국 교회의 현실을 꾸준히 연구해 왔다. 지금은 한 교회의 담임목사로서 교회의 위기를 극복하기 위해 최선을 다하고 있으며, 새로운 부흥을 경험하고 있다.

　나는 위기에 처한 모든 목회자가 이 책을 탐독하고, 목회 매뉴얼로 삼아 성령의 불타는 심정으로 다시 일어서기를 원한다. 그리고 한국 교회에 다시 부흥의 역사가 일어나길 기대한다.

이전호_충신교회 담임목사

지난 2020년, 코로나19가 대한민국을 뒤흔들면서 수많은 교회와 목회자들은 당혹감과 무기력에 빠졌다. 속수무책으로 전염되는 바이러스 앞에서 어떻게 하면 하나님이 세우신 교회를 유지하고, 하나님이 사랑하시는 성도들을 목양할 수 있을지 고민에 빠졌다. 각 교회들은 할 수 있는 한 최선을 다했다. 그럼에도 수많은 교회들이 어려움을 빗겨 가지 못했고, 많은 목회자와 성도가 지금도 어려움에 처한 교회를 위해 고군분투하고 있다.

코로나19가 시작된 지 3년이 지나가는 지금, 이 책의 출간이 매우 반갑다. 교회성장연구소장을 역임하고 현재는 한 교회의 담임목사로서 여전히 교회에 대해 고민하는 김형근 목사님이 교회 안에 많은 변화가 나타난 지금, 이 책을 통해 한국 교회가 다시 일어서기 위해 깨닫고 고려해야 하는 것이 무엇인지를 제시하고 있기 때문이다. 책에서 이야기하듯, "교회는 인간이 세운 것이 아니라 하나님이 세운 것"이기에 한국 교회에는 아직 희망이 있다. 이 책을 통해 희망을 잃었던 많은 목회자와 성도들의 마음속에 다시금 한국 교회를 향한 희망이 가득 차기를, 이 책을 읽는 많은 이들이 한국 교회 회복의 주역이 되기를 소망한다.

김병삼_만나교회 담임목사

지성과 영성을 겸비한 김형근 목사님이 쓴 《미래 목회 성장 리포트》는 오늘날 한국 교회의 회복을 부르짖고 있다. 나는 이 책을 통해 한국 교회 희망의 가치를 다시금 느꼈다. 교회가 처한 다양한 상황 속에서 하나님이 주시는 메시지들이 더욱 간절하게 다가왔고, 앞으로 나아가야 할 방향을 더욱 분명하게 알 수 있었다.

따라서 이 책을 한국 교회의 미래를 위해 기도하고 고민하는 모든 목회자와 신학자, 신학생, 평신도 리더들에게 자신 있게 권한다. 이 책을 읽는 많은 분이 어떤 상황에서도 하나님의 뜻을 먼저 발견하고, 하나님의 인도하심에 전적으로 순종하는 하나님의 사람이 되기를 소망한다.

윤종남_순복음금정교회 원로목사

이 책을 한마디로 표현한다면 '통찰력'이다. 이론으로 점철된 글도 아니다. 현장으로만 치우진 임기응변의 글도 아니다. 교회를 몹시 사랑한 목회자의 무서운 통찰력이 고스란히 글로 표현되어 있다. 175개의 교회와 목회자를 애틋한 마음으로 보고 또 보면서 얻어 낸 진주 같은 개념들을 잘 엮어 목걸이로 만들어 주었다.

나는 인생이 목회였고, 목회가 인생이었다. 교회가 전부였다는 의미다. 코로나가 한국 교회에 위기가 아니라 새롭게 되는 기회가 되기를 수도 없이 기도했다. 이 책을 읽으며 나와 같은 마음으로 한국 교회를 사랑하는 목회자가 많다는 것에 새삼 감사와 눈물이 흐른다. 내 기도가 헛되지 않다는 것을 이 책을 통해 응답받은 것 같아 매우 기쁘다. 본질인 사랑을 기초로 설교와 지역 사회 그리고 삶이라는 세 기둥이 교회마다 잘 세워지기를 몹시 바란다.

김형근 목사의 통찰력으로 제시된 대안이 건강한 한국 교회를 세우는 데 일조할 것이라고 믿어 의심치 않는다.

구동태_협성교회 원로목사

많은 이들이 교회의 위기를 외치고 있다. 그 어느 때보다 정확한 진단과 새로운 사역 방식이 필요한 시점이다.《미래 목회 성장 리포트》가 반가운 이유다. 이 책은 단지 이론적인 보고서가 아니다. 글 속에 담긴 목회자들의 철학과 몸부림이 밴 한 마디 한 마디가 본질로 나아가게 하는 울림을 준다.

그렇다. 교회의 미래는 본질에 있다. 이 책에서 발견된 세 가지 키워드는 주님의 오래된 명령이지만 이 시대의 교회가 붙잡고 새롭게 표현해야 할 과제임이 분명하다. 그런 측면에서《미래 목회 성장 리포트》는 우리 안에 있는 고정 관념을 뒤흔들고 새로운 목회 패러다임으로 이끈다. 그런 측면에서 이 책은 한국 교회를 위한 친절한 안내서다.

교회의 미래를 준비하기 원하는 모든 리더들에게 이 책을 강력히 추천한다. 이제 교회는 더 깊이 연구하고 도전할, 깨어 있는 소수를 통해 새로워질 것이다. 우리 모두가 그 사역에 참여하게 되기를 소망한다.

이상훈_미성대학교(America Evangelical University) 총장, MiCA 대표

신학자와 목회자로서 요즘 한국 교회가 처한 어려움을 바라볼 때 매우 가슴이 아프다. 게다가 최근 한국 교계는 교회 성장을 언급하는 그 자체를 터부시하는 잘못된 경향을 보이고 있다. 이런 때에 한국 교회 성장 요인에 관한 김형근 목사님의 귀한 책을 접하고 추천하게 되어서 기쁘다.

저자인 김형근 목사님은 설교학을 전공한 탁월한 신학자임과 동시에 얼마 전까지 교회성장연구소에서 수많은 교회들을 방문하여 목회자들을 인터뷰하고 컨설팅하며, 그들의 성장을 도왔다. 그리고 지금은 교회를 담임하는, 목회자이자 신학, 컨설팅의 전문가라는 독특한 이력을 갖고 계신 분이다. 저자는 새롭게 맞이할 포스트 코로나 시대에도 교회는 여전히 다시 개척되어야 하고 새롭게 성장해야 할뿐만 아니라 구체적인 한국 교회의 역할을 제시하고 있다. 이 책이 앞으로 한국 교회 성장의 새 바람을 일으키는 마중물이 되기를 기대하며 기쁘게 추천한다.

유근재_주안대학원대학교 선교학 교수, 한국선교신학회 회장

팬데믹으로 인해 변화를 겪고 있는 한국 사회와 교계에 설교와 삶 그리고 지역 사회를 유기적으로 연결시켜 교회의 역할을 조명하는 저서가 발간됨을 기쁘게 생각한다. 본서는 코로나 이후에 교회를 회복하고 점검하는 소중한 유산이 되어 앞으로 교회가 나아가야 할 올바른 방향을 제시하고 있다. 세상에 빛을 밝히는 아름다운 걸음이 될 것이라 믿는다.

본서가 목회자와 모든 그리스도인에게 널리 읽히고 사용되는 소중한 영적 자원이 되기를 바란다. 또한 날이 갈수록 교회 성장을 방해하는 장애물이 많아진 세상에서 교회 성장에 대한 새로운 도전과 희망을 발견하는 촉매제와 같은 역할을 감당하기를 기대하며, 이 책을 강력하게 추천한다.

허준_한국침례신학대학교 실천신학 교수, 한국선교신학회 총무

목차

PART 1 ── **포스트 코로나 시대의 한국 교회,
그 변화를 조명하다**

PART 2 ── 한국 교회 변화를 위한
세 가지 키워드

모든 것이 하나님의 은혜입니다. 이 책을 내면서 그동안 하나님의 인도하심에 대해 여러 번 되짚어 보는 시간을 가졌습니다. 증조할머니와 할아버지를 따라 장로교 통합 측에서 신앙생활을 시작하게 된 순간이며, 여의도순복음교회에서 성령을 체험한 감격의 순간들이 어제 일처럼 떠올랐습니다.

청년 시절, 호주로 석사과정을 공부하기 위해 유학을 간 뒤, 하나님의 부르심을 받고 신학을 한 일, 브리즈번의 작은 이민교회에서 청년부 회장, 전도사로서 섬긴 일, 다시 하나님의 은혜로 여의도순복음교회에 돌아와 사역을 하게 된 일, 조용기 목사님의 배려로 박사과정을 공부하기 위해 다시 호주로 유학을 가게 된 일, 2천여 명이 출석하는 시드니순복음교회에서 부목사 생활을 하던 일 등이 하나씩 떠올랐습니다. 그리고 여의도순복음교회에 귀임하여 이영훈 목사님의 배려로 국제신학연구원 신학연구소장, 목회연구소장으로 섬긴 일들에 새삼 감사했습니다.

그야말로 모든 것이 하나님의 사랑과 은혜 속에서 이루어진 일들이었습니다. 그렇게 하나님은 개척 교회부터 대형 교회 그리고 초대형 교회에 이르기까지 다양한 사역 현장에서 하나님의 사역 원리를 경험할 수 있도록 인도해 주셨습니다.

그뿐만 아니라, 하나님은 한국으로 돌아온 이후로 교회성장연구소 소장으로 사역할 수 있도록 이끄셨고 그 과정에서 175명의 한국 교회 리더들을 만나 심층 인터뷰를 하는 기회를 열어 주셨습니다. 그 자리를 마련해 주신 하나님께 영광과 감사를 올려 드립니다. 더불어 인터뷰에 응해 주신 목회자들께 이 지면을 빌려 다시금 깊은 감사를 드립니다. 목사님들이 소신 있는 말씀과 진실한 경험 속에서 우러난 통찰을 전해 주셨기에 그 하나하나가 데이터로 모아질 수 있었고, 그 속에서 한국 교회를 향한 통합적인 메시지를 다시금 정리해 볼 수 있었습니다.

특히 코로나19라는 예기치 못한 상황이 닥친 가운데, '변수 안에서도 놀랍게 역사하시는 하나님'을 만날 수 있었고 위기를 기회로 바꾸시는 하나님의 인도하심과 방법을 담아낼 수 있었습니다. 하늘로부터 임하는 지혜의 메시지들을 이 책에 실을 수 있게 된 것을 큰 기쁨으로 생각합니다.

이 책의 전반부에서는 사회과학 분석 방법인 근거이론과, 내러티브 방법을 사용하여 현재 교회의 상황을 사회과학적으로 진단했습니다. 또한 후반부에서는 도출한 결과를 바탕으로 한국 교회를 향한 비전과 대안을 제시하였습니다. 그리고 이 모든 분석을 통해 한국 교회가 힘써야 할 것은 '예배의 회복'과 '이웃 섬김' 그리고 '삶'이라는 결론에 도달했습니다.

더 나아가 이 가치를 실현하는 데 필요한 것으로 '성령의 임재'(Presence) '양육'(People) '성령의 권능'(Power) '교회의 목적'(Purpose) 그리고 '성령의 계획'(Plan)이라는 다섯 가지 요소(5P)로 정리하여 제시했습니다.

미흡하지만 한국 교회의 미래를 품고 고민하는 모든 독자에게 이 책이 영적 성장과 성숙을 이끄는 귀한 밑거름이 되길 바랍니다. 어려운 현실 속에서도 하나님은 한국 교회를 사랑하시고 우리를 위해 일하신다는 사실을 또한 굳게 믿고 희망으로 나아가길 소망합니다.

김형근 목사

들어가며

PART 1

포스트 코로나 시대의 한국 교회,
그 변화를 조명하다

자녀가 변해도 부모는 변하지 않는 것처럼

부모와 매우 친밀하게 어린 시절을 지냈던 아이가 있었다. 그 아이는 부모의 말씀은 거역하지도 않았고 늘 웃음으로 부모를 대했다. 그런데 사춘기를 보내고 성인이 되면서 변하기 시작했다. 부모의 말에 항상 짜증스럽게 반응했고 웃는 얼굴을 거의 보여 주지 않았다. 부모의 관심과 애정을 스스로 거부하다 보니, 삶도 점점 삐뚤어지기 시작했다. 부모의 만류에도 불구하고 하지 말아야 할 일들을 스스럼없이 하기 시작했고, 결국 그의 인생은 완전히 어긋나 버린 듯했다. 주변 사람들은 그를 보며 혀를 차기 시작했다. 더이상 그의 삶에 희망이 없다고 생각했다. 아마 평생 저렇게 망가진 채로 살거라고 단언했다.

하지만 20년이 지났을 때, 그는 행복한 삶을 되찾았다. 단란한 가정을 꾸리게 되었고 부모와의 관계도 좋아졌다. 이유가 뭘까? 자신을 포함한 모든 사람이 그를 포기했지만 부모는 결코 그를 포기하지 않았기 때문이다. 부모에 대한 그의 애정은 식었지만 그를 향한 부모의 마음은 변함이 없었다. 그렇기에 그가 망가졌을 때도, 어긋난 길을 갔을 때도 부모는 그를 바로잡기위해 노력했다. 뿐만 아니라 그가 다시 일어서고자 노력하는 기미만 보여도 적극적으로 도와주며 응원했다.

　그는 변했지만 부모의 사랑은 변하지 않았다. 그렇기에 그는 다시 바른길로 돌아올 수 있었다. 한국 교회도 마찬가지다. 시대가 바뀌면서 교회의 위상도 많이 바뀌었다. 누군가는 더 이상 회복이 불가능하다고 말한다. 특히 코로나19는 기존에 한국 교회가 유지해 오던 패러다임을 뒤흔들고 있다. 그러나 우리에게는 희망이 있다. 교회는 변했지만 교회의 주인이신 하나님은 변하지 않으시기 때문이다. 하나님의 사랑은 변함이 없기 때문에 우리는 분명히 다시 일어설 수 있다.

1.

포스트 코로나 시대,
한국 교회를 다시 보다

흔들리는 한국 교회를 보면서

2020년 1월, 예고 없이 찾아온 코로나19는 한국 교회에 새로운 변화를 요구하기 시작했다. 핍박기에도 지속되던 예배 모임을 포기할 수밖에 없는 환경이 되었고, 각 교회는 저마다 온라인 예배 시스템을 구축하는 데 집중해야 했다. 성도들 또한 함께 예배하던 시절을 그리워하며 비대면 예배라는 새로운 상황에 직면해야 했고 그만큼 다양한 영적 도전과 마주하게 되었다.

무엇보다 교회가 사회로부터 지탄을 받게 되었다. 이전까지는 교회가 사회 변화의 주체가 되었고, 세상을 변화시키는 데 선봉 역할을 했다. 그러나 코로나 시대의 교회는 마치 노아의

홍수 앞에 선 사람들처럼 무기력하기만 하다. 방주를 만들겠다던 교회는 파도를 동력 삼아 전 세계로 무대를 넓혀가기는커녕, 타이타닉호처럼 심해로 가라앉아 버렸다.

하나님께 '멈춤'은 없다

더 이상 한국 교회에는 희망이 없는 것인가? 많은 비관론자들이 말하는 것처럼 한국 교회는 무저갱을 향해 돌진하는 브레이크 없는 전차인 것인가?

나는 이 책을 준비하는 동안 스스로 끊임없이 물었다.

'과연 한국 교회는 무너져 가는 바벨탑일까?'

결론을 먼저 말하자면 "아니다" 한국 교회에는 여전히 희망이 있다. '권불십년 화무십일홍'(權不十年 花無十一紅)이라는 말처럼 인간이 쌓은 역사에는 반드시 무너짐이 있다. 그러나 하나님이 열어 가시는 역사는 다르다. 하나님이 교회를 통하여 이 땅에 세우시는 역사는 결코 무너지지 않는다. 전대미문의 위기처럼 보이는 포스트 코로나 시대에도 마찬가지다. 분명 하나님은 무너지는 현실 속에서 회복의 길을 끊임없이 제시하고 계신다. '멈춤'을 상징하는 시대에도 하나님은 계속해서 일하고 계신다.

2.

근거이론을 통한
한국 교회 성장 요인 분석

한국 교회의 방향을 짚다

코로나19로 모든 것이 멈춘 듯한 현실을 나는 목회자로서 가만히 지켜보고만 있을 수 없었다. 한국 교회가 나아갈 방향을 놓고 고민했다. 뜻을 깨닫고자 주님 앞에 엎드렸고 말씀을 읽고 또 읽었다. 이 과정에서 새로운 연구 프로젝트에 돌입했다.

나는 과거에 국내의 한 연구소에서 소장으로 사역한 적이 있는데, 부임한 해인 2015년부터 양적 질적인 성장을 겸비한 건강한 교회 목회자들과 크리스천 리더 175명의 심층 인터뷰를 진행했다. 많은 교회의 목회자를 대상으로 단편적인 설문조사를 하거나 간단한 인터뷰를 진행하는 것은 흔한 일이었으나, 한 연구자가 175명과 심층 인터뷰를 통해 깊이 있는 데이터를 확보해 나가는 작업은 전무후무한 사례다. 이 데이터들을 근거로 앞으로 한국 교회가 나아가야 할 방향을 찾았고 연구했다. 특히 포스트 코로나시대에 필요한 대안을 찾고자 했다.

어떤 방법을 사용할 것인가?

구체적으로 데이터 분석을 위해 어떤 방법을 사용했는지를 소개해 보겠다. 사실 분석 결과와 그에 따른 해석과 방향성 제시 등이 이 책의 핵심 내용이기 때문에 이 부분은 불필요하다고 생각할 수도 있다. 그러나 결과를 도출하고 분석을 하는 과정에 대한 신뢰를 가질 수 있도록 구체적인 연구 방법을 제시하는 것도 필요하다고 판단하였다. 이에 Part 1의 서두에서 해당 내용을 간단히 다루고자 한다. 다소 어려운 감이 있겠지만 참고로 살펴보면 좋을 것이다.

첫 번째 연구 및 분석을 위해서는, 질적 연구에서 활용되는 연구법 중 하나인 근거이론 방법을 활용하였다. 참고로 질적 연구는 사회학, 교육학, 신학(실천신학, 기독교교육학, 교회상담학) 등의 분야에서 활발히 활용되고 있는 연구 방법이다. 이 중 근거이론은 실제 현장에서 어떤 행동의 변화를 설명하고 범주와 범주, 개념과 개념 간의 관계를 형성하는 것을 목적으로 하고 있다. 동시에 실재하는 사회적, 문화적 현상의 바탕이 되는 전체적인 과정을 기술하게 된다.

근거이론의 연구 방법

근거이론은 다양한 대상자들과의 심층 인터뷰를 중심으로 진행된다. 이후 심층 인터뷰를 통해 정리된 녹취 자료를 중심으로 코딩 작업을 한다. (코딩은 자료를 분해하고 개념화하고 이론을 형성하도록 통합시키는 분석 과정으로, 개방 코딩, 축 코딩, 선택 코딩으로 구성된다.)

각 코딩 방법에 대해 소개하자면 다음과 같다. 첫째, 개방 코딩은 개념을 밝히고, 그 속성과 차원을 자료 안에서 발견해 나가는 분석 과정으로, 개념화 또는 추상화, 범주를 발견하게 해주는 것을 말한다. 둘째, 축 코딩은 범주를 하위 범주와 연결시키는 과정으로, 코딩이 한 범주의 축을 중심으로 일어난다는 차원에서 축 코딩이라 불린다. 다른 말로 정리하자면, 속성과 차원의 수준에서 범주들을 연결시키는 작업이라고 할 수 있다. 셋째, 선택 코딩은 이론을 통합하고 정교화하는 마지막 과정으로, 이때 이론의 통합을 도와주는 기법으로 메모와 도표가 사용된다.[1]

〈개념 및 하위 범주에 따른 범주화의 예시〉

개념화(개방 코딩)	위 범주 연결(축 코딩)	개념화(개방 코딩)
개념 1	하위 범주1	범주1
개념 2	하위 범주1	범주1
개념 3	하위 범주2	범주1
개념 4	하위 범주2	범주1
개념 5	하위 범주3	범주2
개념 6	하위 범주3	범주2
개념 7	하위 범주3	범주2
개념 8	하위 범주4	범주2
개념 9	하위 범주4	범주2
개념 10	하위 범주4	범주2
개념 11	하위 범주4	범주2

1) Anselm Strauss, *Basics of Qualitative Research*, 신경림 역, 《근거이론의 단계》(서울: 현문사, 2001)

미래 목회 성장 리포트

2003년 vs. 2020년 교회 성장 요인 연구

근거이론을 통해 분석한 결과, 최종적인 선택 코딩 작업을 통해 열한 가지 요소가 제시되었다. 그리고 축 코딩 및 개방 코딩 과정에서 도출된 하위 범주들의 빈도를 중심으로 순서를 정했다. 특히 이 과정에서 과거의 연구 자료와 어떤 차이를 보이는지를 확인하고자 했다.

구체적으로 2003년에 내가 사역하던 연구소에서 이미 진행한 바 있던 "한국 교회 10년간 성장 요인 연구 보고서"를 비교 분석했다. 참고로 과거의 그 자료는 1907년 원산 대부흥운동 100주기를 몇 해 앞둔 한국 교회에 큰 방향성을 시사했다. 질적·양적 성장을 겸비한 175개 교회를 방문하고 인터뷰한 결과를 분석했던 만큼 그 보고서는 우리나라에 적합한 교회 성장 요인을 도출했다.

그런 신뢰할 만한 과거의 자료와 새로운 자료를 비교, 분석하는 일은 가치 있는 작업이라고 판단되었다. 실제로 과거 한국 교회의 상황과 포스트 코로나 시대를 맞은 현재 한국 교회의 상황을 비교하자 유의미한 결과가 도출되었다. 분석 결과를 과거의 자료와 비교하면 다음과 같다. 다음의 비교 자료를 보면서 시대에 따라 어떠한 변화가 있었는지를 살펴보도록 하자.

〈시대에 따른 교회 성장 요인〉

순위	2003년	2020년
1	목회자의 리더십	설교
2	설교	지역 사회
3	지역 사회 봉사	삶
4	전도	성령
5	구역 / 새신자	기도
6	선교	양육
7	교육 / 성경공부	기획
8	예배	본질
9	기도	선교
10	팀 사역 / 평신도	전도
11	목회 철학	문화 사역
12	제자훈련	
13	성령 체험 / 역사	

비교한 결과, 여섯 개의 공통 요인이 제시되었다. 이는 설교, 지역 사회, 전도, 선교, 기도, 성령 체험인데, 여섯 가지 요인의 등락을 자세하게 살펴보면 다음과 같다.

〈2003 vs. 2020에서 발견된 여섯 가지 공통 요인〉

요인	2003년	2020년	등락
설교	2순위	1순위	+1
지역 사회	3순위	2순위	+1
전도	4순위	10순위	−6
선교	6순위	9순위	−3
기도	9순위	5순위	+4
성령	13순위	4순위	+9

교회 성장의 요소는 이전과 크게 변하지 않았음을 알 수 있다. 여섯 가지 요소가 순위의 등락은 있으나 그 내용은 동일하였다. 나머지 요인들 역시 그 맥락은 비슷하다.

비슷한 이유에 대해서는 다음과 같이 생각해 볼 수 있다. 교회는 인간이 세운 것이 아니라 하나님이 세우신 것이다. 인간이 성장시키는 것이 아니라 하나님이 성장케 하시는 것이다. 그런 만큼 그 원리가 비슷할 수밖에 없다.

그러나 순서에서는 차이가 드러났고, 이는 교회 성장의 새로운 대안을 제시하는 토대가 될 것이다. 이제 다양한 변화 중에서 세 가지 포인트를 중심으로 결과를 요약, 정리해 보도록 하겠다.

무엇이 달라졌는가?

1) 설교가 더 중요해졌다

과거에는 목회자의 리더십이 가장 중요한 요소였으나 지금은 설교가 가장 중요한 요인으로 나타났다. 이는 "설교의 질이 상향 평준화된 시대에 더 이상 설교가 교회 성장에 절대적인 영향을 미칠 수 없다"는 일부의 주장을 반박한다. 곧 설교가 상향 평준화되었기 때문에 오히려 설교가 교회 성장에 더 중요한 요소로 작용함을 보여 주고 있는 것이다.

현실을 돌아보자. 오늘날은 통신기술의 발달로 목회자들의 설교가 범람하는 시대가 되었다. 이제 누구나 담임목사의 설교가 성경적으로 올바른지 아닌지를 손쉽게 비교할 수 있게 되었다. 어느 교회 누구 목사의 설교가 좋은지도 공유하기 시작했다. 그만큼 목회자의 설교는 교회 성장, 특히 기신자 수평 이동에 가장 큰 영향을 미치는 요소가 되었다.

특히 코로나19로 인해 온라인 예배가 보편화되고 타 교회 목회자의 설교를 접할 기회가 확산되고 있는 요즘, 설교는 교회 성장의 매우 중요한 요소가 되고 있다.

2) 지역 사회와 하나되는 교회를 원한다

과거에도 그랬지만 한 순위가 오른 만큼 오늘날에 지역 사회에 대한 봉사와 주민들과의 소통이 교회 성장에 더욱 큰 영향을 미치고 있다. 특히 코로나19가 유행하면서 교회가 사회로

미래 목회 성장 리포트

부터 지탄받는 일이 많았던 만큼, 지역 사회를 향한 교회의 역할이 더 중요하게 다뤄질 수밖에 없다.

중요한 사실은, 지역 사회를 대하는 교회의 태도가 다소 달라졌다는 것이다. 과거에는 교회가 일방적으로 베푸는 형태로 지역 사회와 소통했다면, 지금은 직접 뛰어들어 지역 사회와 하나가 되는 형태가 중시되고 있다. 그만큼 지역 사회를 향한 교회의 접근 방식이 달라지고 있음을 알 수 있다.

3) 목회자의 삶, 이제는 절대적인 요소가 되었다

두 보고서를 비교했을 때 가장 두드러진 변화는 리더십이 삶으로 대체되었다는 점이다. 큰 맥락에서 보면 두 요소가 전혀 연관성이 없는 것은 아니다. 이전 보고서에서 성도들은 삶을 리더십을 구성하는 한 요소로서 인식하고 있었다. 그러나 오늘날 성도들은 삶을 리더십을 구성하는 한 가지 요소로서 바라보지 않는다. 성도들은 목회자가 얼마나 성경적으로 살기 위해 노력하는지, 교회를 세워 나가기 위해 얼마나 헌신하는지에 주목한다. 또한 성도를 얼마나 사랑하는지, 설교 강단에서 내려왔을 때 목회자가 과연 존경할 만한 인물인지를 기준으로 리더십을 판단한다.

현대 사회는 말이 아니라 삶을 통해서 카리스마가 만들어지는 시대다. 이에 따라 1순위였던 리더십을 구성하던 삶이 이제는 리더십을 대체하는 교회 성장 핵심 요인이 되고 있다.

무엇보다 오늘날은 언론 정보가 발달하면서 교회의 교권과 목회자의 위상이 예전 같지 않다. 교회를 향한 비판이 커지고 있는 이 시대에 목회자가 성경에 부합한 청렴한 삶을 살고 있느냐는 교회의 성장에 중요한 요인이 되고 있다.

4) 주목해야 할 그밖의 변화들

또 다른 반등 요소는 기도와 성령이다. 여전히 교단에 따라 기도나 성령에 대한 견지가 다를 수는 있으나, 성장하는 교회들은 여전히 기도하고 성령을 사모하는 것으로 나타났다.

사실 4순위와 5순위, 8순위를 차지하고 있는 성령, 기도, 본질은 하나의 맥락이라고 볼 수 있다. 그런 차원에서 본질, 즉 말씀과 기도로 성령을 추구하는 교회가 성장하는 교회로 나타났다는 것은 매우 중요한 시사점을 준다 하겠다.

반면에 하락한 요소들도 눈에 띈다. 바로 전도와 선교인데, 이는 선교와 전도의 중요성이 줄어들었음을 의미하는 것 같지는 않다. 오히려 전도와 선교가 다른 요소들과 더불어 복합적인 성격을 갖게 되었음을 시사한다. 전도는 교회에서 치르는 행사 중 하나가 아니라 관계 속에서 자연스럽게 복음을 전하는 것으로 이해되기 시작했다. 여기에는 선교에 대한 인식이 바뀐 영향도 있다. 과거 선교라면 국외 파송을 의미했다면, 이제는 선교를 선교적 교회라는 흐름 안에서 이해하고 있다. (특히 전 성도가 선교적 사명을 가지고 살아야 한다는 방향으로 발전하고 있다.)

한편 여섯 가지의 공통 요인들 외에도 각각의 연구 보고서를 살펴보면 요인들 간에 연관성이 있음을 확인할 수 있다. 구역, 새신자, 팀 사역, 제자훈련과 같은 요소는 이제 양육이라는 카테고리로 수렴되고 있다. 현시점에서 양육이라는 요인은 새신자 양육, 기신자 양육을 모두 포함한다고 보는 것이다. 실제로 성장하는 교회들은 이를 구분하는 것이 아니라, 교회 안에서 모든 성도를 양육 대상으로 삼고 있었다.

또 다른 성장 요인인 성경공부와 예배 역시 마찬가지다. 이 두 요인은 본질이라는 카테고리로 수렴되었다. 즉 오늘날 성장하는 교회들은 본질을 추구하려는 맥락에서 성경공부와 예배를 비롯해 성령, 기도에 집중하고 있다는 사실이 확인되었다.

3.

내러티브 방법을 통한
한국 교회 성장 요인 분석

두 가지 연구 전통을 활용한 이원적 연구의 시도

앞에서 175명의 목회자와 크리스천 리더들을 대상으로 심층
인터뷰를 진행했으며, 근거이론을 통해 교회 성장 요인을 분석
했다고 설명했다. 물론 근거이론을 통한 분석 방법만으로도 유
의미한 분석을 할 수 있지만, 또 다른 방법으로도 분석이 가능
하다. 이에 150명 이상의 목회자들을 심층 인터뷰한 자료를 토
대로 다른 질적 연구 방법을 시도하여 결과를 도출해 내고자
했다. 특히 여기서는 교회 성장 요인이 아닌, 각 목회자들의 목
회 철학을 도출해 내는 방법을 시도하여, 교회 성장 요인 분석
에서 나타난 결과와 어느 정도 연관성을 갖는지를 확인하고자
했다.

물론 핵심이 되는 연구는 본 기관에서 프로젝트로 진행한 앞의 연구(2장에서 소개한 연구)다. 그런 차원에서 이 장에서 소개할 해당 연구는 2장의 연구를 검증하기 위해 추가로 진행한 것이라고 보면 되겠다. 즉 추가적인 연구 방법을 활용하여 앞의 연구 결과에 대한 검증 절차를 밟고자 한 것이다.

두 번째로 시도한 연구 방법은 질적 연구 전통 방법 중 하나인 '내러티브 연구 방법'이다. '내러티브 연구'란 심층 인터뷰를 통해 전달된 이야기들을 해석하고 재해석하는 방법까지를 포함한다. 특히 이 과정에서 연구자의 영적 통찰이 더해질 수 있다.

참고로 내러티브 연구 방법은 소수의 연구 대상자를 대상으로 하나, 본 연구에서는 150명가량의 목회자들을 대상으로 삼고 있다. 그러나 각 대상자에 대한 심층 인터뷰와 분석의 집중도를 고려할 때, 내러티브 연구가 요구하는 면담 수준에서 벗어나지 않았다고 볼 수 있다. 오히려 데이터가 많았던 만큼, 분석 결과에 대한 신뢰도를 높였다고 판단한다.

이에 심층 인터뷰 자료를 통해 핵심 목회 철학을 통찰해 보았고, 그 결과를 중심으로 새롭게 범주화를 시도했다.

목회 철학 분석을 위한 내러티브 연구 방법

내러티브 연구 방법의 단계와 그에 대한 소개를 표로 정리했다. 그리고 각 단계에 맞게 연구자인 필자가 어떤 과정을 거쳤는지를 함께 요약했다.

내러티브 연구 방법의 단계	각 단계의 특성	본 연구에서의 적용
현장으로 들어가기 (Being in the Field)	이 단계에서는 심층 인터뷰가 가장 우선적으로 고려되며 연구 대상자와의 라포르(rapport) 형성이 중요하게 고려된다.	각 목회자들로부터 원만한 상호작용이 가능한 환경을 마련한 후 심층 인터뷰를 진행하였다.
현장에서 현장 텍스트 구성 (From field to Field text)	내러티브 탐구를 하는 연구자는 단순히 누군가의 경험을 기록하는 기록자로서 그곳에 존재하는 것이 아니다. 연구자 역시 연구 대상자의 경험을 수반하는 탐구의 경험을 가지고 있다.	연구자에 해당하는 필자 역시 목회자이자 신학 교수로서 연구 대상자와 동일한 경험을 하고 있다. 이에 분석하는 과정에서 영적인 통찰을 갖기에 용이한 조건에 있다. 그리고 그런 경험을 토대로 인터뷰를 이끌어 나갔다.
현장 텍스트 구성 (Composing Field Text)	현장 텍스트는 내러티브 탐구에서 데이터로 간주되며 데이터는 연구 경험의 객관적 표상이라는 생각을 수반하기 때문에 어떻게 현장 텍스트에 해석과 통찰을 가미할 것인가는 중요하다. 이 단계에서 바로 연구자의 해석이 시작된다.	심층 인터뷰를 통해 데이터를 확보하는 과정에서 각 목회자의 상황에 맞게 질문을 변형하여 인터뷰를 진행했다. 그만큼 기계적인 인터뷰가 아니라 개방형 인터뷰를 이끌어 냄으로써 풍부한 해석과 다양한 분석이 가능할 수 있도록 노력하였다.

현장 텍스트에서 연구 텍스트로 구성 (From Field Text to Research Text)	이 단계는 연구 텍스트 구성 전 단계로 현장 텍스트가 만들어지는 시점에서 가졌던 연구자들의 탐구에 대한 잠재의식이 드러나는 단계라 할 수 있다. 연구 참여자의 경험을 의미 있게 구성하는 단계이므로 현장 텍스트를 여러 번 읽거나 혹은 듣거나 하여 숙지하는 것이 매우 중요하다.	이 책이 다루고자 하는 연구가 학문적인 특성에 기반을 두고 있지만, 교회 성장이라는 것 자체가 철저히 성령의 개입에 따르고 있는 만큼 영적인 요소를 반영할 필요가 있었다. 그만큼 인터뷰를 진행하고 이후로 해석 및 분석을 하는 과정에서 하나님이 그 안에서 허락하시는 영적인 통찰력을 끌어내고자 하였다.
연구 텍스트 구성 (Composing Research Text)	연구자는 듀이가 말한 3차원적 내러티브 탐구 공간 (상황, 지속성, 상호작용) 내에서 텍스트를 구성해야 한다. 그리고 이를 통해 경험에 대한 사고의 틀을 제공해야 한다.[2]	최종적으로 분석하고 텍스트로서 정리해 나가는 과정에서 각 교회가 처한 다양한 상황과 목회자와의 상호작용 등을 충분히 고려하였다.

2) 염지숙, "교육 연구에서 내러티브 탐구(Narrative Inquiry)의 개념, 절차, 그리고 딜레마", 《교육인류학연구》(2003) 제6권 1호, 119-141

내러티브를 통한 목회 철학 분석 결과와 비교

내러티브 연구 방법을 통해 각 목회자들이 생각하는 목회 철학을 도출하였다. 그리고 이것이 2장에서 다룬 교회 성장 요인과 어떠한 차이를 보이는지를 확인하였다. 먼저 내러티브를 통해 분석된 핵심 목회 철학과 해당 목회자들의 수를 정리해 보면 다음과 같다.

〈내러티브 연구 방법을 통해 분석된 핵심 목회 철학〉

순위	핵심 목회 철학	해당 목회자 수
1	설교	51
2	삶	31
3	본질	31
4	성령	13
5	다음 세대	11
6	이웃	8
7	지역 사회	7
8	리더십	7
9	기획	6

이어서 해당 결과를 2장에서의 결과와 비교하여 제시하면 다음과 같다. 참고로 목회 철학의 요소들 중에서 본질과 이웃은 지역 사회에 속한다고 판단하였다. 특히 본질은 예수님이

말씀하신 사랑이라고 할 수 있는데, 그 사랑의 핵심이 이웃 사랑이다. 이에 이웃과 본질은 지역 사회와 연결 지었다.

〈두 연구에서 3순위까지의 요인 비교〉

순위	내러티브를 통한 분석(빈도)	근거이론을 통한 분석(빈도)
1	설교(51)	설교(30)
2	지역 사회(본질+이웃+지역 사회) (총 46)	지역 사회(27)
3	삶(31)	삶(24)

두 연구를 비교한 결과 1, 2, 3위에 해당하는 요인이 그대로 일치함을 알 수 있었다. 이에 목회 철학을 도출한 내러티브 연구 방법이 2장에서 다룬 교회 성장 요인의 분석 결과를 뒷받침해 줌을 확인할 수 있었다.

4.

미래 한국 교회, 어디로 향해야 하는가

변화의 방향이 드러나다

설교가 상향 평준화된 오늘날 설교는 이전보다 더 중요한 요소가 되었다. 또한 지역 사회라는 요인도 지역 사회에 베푸는 형태에서 지역 사회로 침투하는 형태로 변화되었다. 더불어 가장 중요한 변화는 삶이 리더십을 대체했다는 것이다. 이전에는 삶이 리더십의 구성 요소 중 일부였으나, 현재는 목회자의 삶 자체가 교회 성장에 큰 영향을 미치는 시대가 된 것이다.

과거에 제시되었던 새신자 교육, 제자훈련 요소가 이제는 양육이라는 요소로 통합, 발전되었다. 이처럼 순서만이 아니라 범주 역시 바뀌는 결과를 보여 주었다. 더불어 기도, 성령과 같은 본질적 요소는 여전히 중요성을 갖는 것으로 드러났다.

한편, 오늘날 목회자들의 목회 철학 역시 이 성장 요인과 일치한다는 것을 확인할 수 있었다. 그만큼 설교와 지역 사회, 삶은 오늘날 건강한 교회를 세워 나가는 핵심 요인이라고 할 수 있다.

예수님이 주신 새 계명, 한국 교회 회복의 키

놀랍게도 설교, 지역 사회, 삶이라는 세 가지 변화의 포인트는 예수님이 말씀하신 새 계명과 중요한 연관성이 있다. 하나님을 사랑하라는 첫 번째 새 계명은 하나님을 사랑하는 데 기반이 되는 설교와 연결된다. 이웃을 사랑하라는 두 번째 새 계명은 지역 사회를 향한 교회의 역할과 목회자의 삶과 연결된다. 진정한 이웃 사랑은 자신을 사랑할 줄 아는 건강한 기반을 토대로 이웃을 사랑하는 것이라 할 수 있다. 정리하자면, 나를 사랑하는 것이 목회자의 올바른 삶과 연관된다면, 이를 토대로 이웃을 사랑하는 것은 지역 사회에 대한 역할과 연관된다.

그런 차원에서 볼 때, 한국 교회의 위기는 말 그대로 위기이면서 동시에 본질을 찾아가는 변환점이 되는 게 아닐까? 분명 예수님은 흔들리는 한국 교회를 결코 버리지 않으셨다. 오히려 그 위기를 회복시킬 절대 가치이자 모든 계명을 압축한 새 계명을 우리에게 되찾아 주고 계셨다.

새 계명을 받은 하나님의 자녀는 더 이상 수많은 계명 속에서 고민할 필요가 없다. 마찬가지로 우리도 더 이상 이런저런 방법을 고민하며 좌절할 필요가 없다. 한국 교회를 되살릴 방안은 의외로 단순하며 명확했다. 그리고 하나님은 그 뜻을 우리에게 밝히고 계시다. 그런 차원에서 새로운 보고서가 드러내는 결과와 이전 결과와의 비교 분석은 한국 교회 변화를 위한 새로운 등대가 될 수 있을 것이다.

이제 본 연구 결과들을 토대로 세 가지 핵심 요소가 갖는 의미를 조명해 볼 것이다. 설교, 지역 사회, 삶이 실제로 어떠한 부분들에서 가치를 드러내고 있는지를 확인하는 것은 물론, 각 요소들이 서로 어떻게 유기적으로 관련되어 있는지도 분석해 볼 것이다. 아울러 구체적인 대안과 앞으로의 전망 역시 제시함으로써 각 교회가 회복하고 나아갈 방향에 일조하고자 한다.

1. 회복을 외치지만 나아지지 않는 한국 교회를 보면서 어떤 생각이 드는
   가? 희망이 있다면, 그 이유는 무엇이라고 생각하는가?

2. 하나님이 한국 교회에 위기를 허락하신 이유, 혹은 위기를 보시면서도 즉각
   적인 회복을 허락하지 않으시는 이유는 무엇이라고 생각하는가?

3. 지난 10~20여 년을 돌아볼 때, 개인적으로 생각하는 한국 교회의 가장 큰
   문제는 무엇인가? 또한 그것을 타계할 대안은 어디에 있다고 생각하는가?

PART 2

한국 교회
변화를 위한
세 가지 키워드

시기와 상황에 따라 특별히 강조해야 하는 요소가 있다

우리나라의 연구원들이 특별한 반도체 기술을 개발했다. 시대적 흐름을 보았을 때, 반도체 기술에 국가적으로 투자를 하면 어마어마한 수출 효과를 기대할 수 있을 것으로 예상되었다. 따라서 국가의 예산을 반도체 산업에 더 많이 쏟아붓기로 의견이 모아지고 있었다.

그런데 이 상황에서 한 권력자가 이를 반대하고 나선다면 어떨까? '우리나라는 본래 농업 국가였고 모든 것의 근본이 농업이니 농업에 더 많은 투자를 해야 한다'고 주장한다면 어떨까?

물론 1차, 2차, 3차 산업 가릴 것 없이 모두가 중요하다. 전부 국가 발전에 있어 중요한 요소들임에 틀림없다. 농업이 없이는 먹고살 양식을 얻을 수가 없고 상업이 없이는 거래가 불가능하며, 다양한 공업이 발달하지 않으면 현재 누리고 있는 문명이 멈춰 버릴지도 모른다.

하지만 시대의 흐름에 따라 더욱 강조되어야 할 것이 있다. 우리나라의 경우, 조선 중기까지만 해도 농업이 가장 우선시되었지만 후기로 넘어오면서 상공업의 발달이 강조되기 시작했다. 이후 대한민국의 역사를 보아도, 건설업이 강조되던 시기가 있는가 하면 반도체 산업이 강조되던 시기가 있었다. 그만큼 모든 산업이 빠짐없이 중요하지만 시대적 배경과 국가적 상황에 따라 조금 더 중요시되는 것이 있게 마련이다. 그리고 그에 걸맞은 투자를 집중할 때 국가 발전에 크게 기여할 것이다.

마찬가지로 교회 성장을 위한 요소들 하나하나는 모두 중요하다. 하지만 시대 상황에 따라 더 강조되어야 할 것이 있다. 구한말과 다르게 지금 강조되어야 할 요소가 있는 것이다.

특히 오늘날은 다양한 미디어의 발달로 설교가 범람하는 시대이며, 교회가 과거처럼 사회 안에서 덕을 세우지 못하고 있다. 이러한 때 교회 성장 요인들 중 지금 이 시대에 더 집중적으로 강조되어야 하는 것들이 있다. 설교, 지역 사회, 삶이 바로 그것이다.

1.

교회 성장 요인의 첫 번째 요소, '설교'에 대하여

이전까지만 해도 '우리 교회 목사님 설교'만 듣던 성도들이 이제는 '전국 각지에 있는 목사님들의 설교'를 듣기 시작했다. '무조건적인 아멘'으로 반응하며 '우리 교회 목사님 설교가 최고야' 하던 성도들이 점점 다른 목사님들의 설교에 귀 기울이기 시작했다. 그리고 자신의 마음을 두드리는 설교자를 만나는 순간, 서슴없이 교회를 옮기기 시작했다.

이전에도 중요했던 설교, 이제 더없이 중요해졌다

1) 설교가 무수히 쏟아져 나오고 있다

Part 1에서도 다루었듯이, 설교는 이제 교회 성장에 있어 절대적인 요소가 되었다. 사실 이전에도 설교가 중요하지 않았던 것은 아니다. 성도들이 설교 말씀을 통해 받은 은혜를 부여잡고 한 주간을 살아야 했던 만큼, 목회자들은 설교에 많은 신경을 써야 했다. 그러나 세월이 흐르면서 설교의 중요도는 더욱 높아졌다. 변화의 이유로는 다음과 같은 것들을 생각해 볼 수 있다.

미래 목회 성장 리포트

52

◇ 온라인으로 '다른 교회 목사님'의 설교를 쉽게 접할 수 있다

과거에는 '우리 교회 목사님 설교'가 최고였다. 이유는 하나다. 우리 교회 목사님의 설교를 들을 기회밖에 없었기 때문이다. 다른 교회 목사님들의 설교는 어쩌다 찾아오는 부흥 사경회에서 듣는 게 고작이었다.

그런 성도들에게 다른 교회 목사님들의 설교를 들을 기회가 주어지기 시작했다. 출발점이 되었던 것은 1990년대 후반, 케이블TV가 보급되기 시작하면서부터이다. 케이블TV의 보급으로 성도들은 기독교 방송국에서 방영하는 설교 방송을 접하게 되었다. 소위 '설교 잘한다는 목사님'의 설교를 안방에서 들을 수 있게 된 것이다.

2000년대에 들어서면서 인터넷 사용이 보편화되자, 다른 교회 목사님의 설교를 들을 기회는 더 많아지게 되었다. 텔레비전의 정해진 시간에 설교를 듣다가 이제는 내가 원하는 시간에 특정 목사님의 설교를 찾아 들을 수 있게 되었다. 그러면서 성도들 사이에서 '어느 교회, 어느 목사님 설교가 좋더라'는 입소문이 돌기 시작했다. 성도들은 이제 설교를 비교하고 판단할 수 있게 되었다. 물론 하나님의 말씀인 설교를 비교하는 것 자체가 합당하다고 할 수는 없다. 그럼에도 현실적으로 비교될 수밖에 없는 환경에 놓인 것은 부정할 수 없는 일이다. 비교하지 않으려 해도 자연히 비교될 수밖에 없는 상황이 된 것이다.

◇ 모바일과 유튜브 시대가 열렸다

이전 보고서가 제시될 때만 해도 모바일이 등장하지 않았고, 유튜브도 없었다. 이제 막 인터넷 설교가 보급되던 때였다. 그런데 지금은 그때와는 또 다른 문화적 변혁을 맞고 있다. 사실 과거에는 텔레비전 설교 방송만이 아닌, 인터넷 설교 방송을 듣게 된 것만으로도 '설교가 범람하는 시대'가 되었다고 말했다. 그런데 이제는 '내 손 안에 작은 세상'이 들어오면서 당시의 범람은 지나친 표현에 지나지 않게 되었다. 2010년부터 본격적으로 보편화되기 시작한 스마트폰으로 인해 언제든지 모바일 인터넷으로 설교 방송을 듣게 되었다.

더 나아가 최근 몇 년 사이에 유튜브 기반의 개인 방송 시대가 열리면서 무수한 설교 콘텐츠가 유튜브에 업데이트되고 있다. 또한 이전에는 몰랐던 양질의 설교들이 자동으로 업데이트되고 있다. 따라서 이전의 대형 교회 목사님들 위주의 설교 방송이 이제는 다양한 교회의 다양한 설교로 확장되었다. 이뿐인가. 성도들이 적극적으로 카카오톡 메신저로 자신이 추천하는 설교를 공유하거나 페이스북에 업데이트하고 있다. 가만히 있어도 자동적으로 다른 교회 목사님의 설교를 접할 수 있게 된 것이다.

그런데 이것이 끝이 아니었다. 코로나19 시대가 도래하면서 이제 온라인 예배는 누구에게나 익숙한 예배 플랫폼으로 자리 잡게 되었다. 과거 미디어를 통한 예배에 익숙하지 않던 성도들조차 사회적 거리두기가 강화되면서 비대면 예배를 자연스럽게 받아들이게 되었고, 이에 따라 유튜브, SNS 및 모바일을 통한 예배가 일상화되기 시작했다.

2) 성도들이 더 나은 설교를 찾아 떠나기 시작했다

◇ 이왕이면 마음에 드는 설교가 좋다

영상 설교가 보편화되면서 성도들은 자신의 갈급함을 채워 줄 설교 말씀을 찾아 교회를 떠나기 시작했다. 이것은 코로나19 이전부터 드물지 않은 현상이었다. 물론 가족과 같은 분위기의 소형 교회는 교인들끼리 끈끈한 관계를 형성한 까닭에 굳이 설교 말씀 때문에 교회를 옮기려 하지는 않는다. 또한 교회 안에서 중요한 직책을 맡고 있거나 특정 봉사를 하는 경우, 설사 다른 교회 목사님의 설교가 더 끌린다 할지라도, 설교 하나 때문에 교회를 옮기지는 않는다. 다만 필요할 때 인터넷이나 텔레비전으로 원하는 설교를 듣는 방식을 취한다.

그러나 목회자와 친밀한 관계에 있지 않거나 교회 안에서 특별한 사역을 맡지 않은 경우, 혹은 익명의 성도인 경우는 상황이 다르다. 부담 없이 교회를 옮긴다. 마음에 드는 설교를 찾아 과감하게 떠난다. 이왕이면 나의 갈급함을 채워 주는 설교를 듣고 싶은 것이다. 이런 현상은 포스트 코로나 시대에 더욱 강화될 것으로 보인다.

◇ 탓하지 말고 설교에 만전을 기해야 할 때다

설교는 하나님의 말씀이다. 아무리 부족한 언어로 표현된 설교라 할지라도 성령님이 역사하시면 그 가운데서 은혜를 받고 인생이 변하는 경험을 할 수 있다. 우리가 잘 아는 예화 하나를 소개해 보겠다.

어떤 목사님이 주보를 인쇄하는 곳에 전화를 걸어 설교 제목을 알려 주었다.

"이번 설교 제목은 '여호와는 나의 목자시니'입니다."

그러자 인쇄소 직원이 재차 확인했다.

"그게 다입니까?"

"그것만으로도 충분합니다."

그런데 인쇄소 직원이 실수로 제목란에 이렇게 기재했다.

'여호와는 나의 목자시니 그것만으로도 충분합니다.'

주일이 돌아오고, 강단에 올랐을 때에야 목사님은 직원의 실수를 알게 되었다. 그러나 어쩔 수 없이 있는 그대로 설교 제목을 읽었다.

"오늘 설교 제목은, '여호와는 나의 목자시니 그것만으로도 충분합니다'…."

그런데 그 한마디에 감동이 된 목사님은 제목만 여러 번 읽더니 더 이상 말을 잇지 못했다. 성도들도 하나둘 눈물을 터뜨리기 시작했다. 그 한 문장을 통해 성령님이 그날 전달하고자 하는 메시지를 성도들 마음속에 심으신 것이다.

다소 상관없어 보일 법한 예화를 들긴 했지만, 여기서 우리가 생각해 볼 것이 있다. 일단 설교 시간에 매번 이런 역사가 일어난다면 얼마나 좋겠는가, 한 문장만으로도 소위 말하는 '올킬'이 되었으니!

하지만 놓쳐서는 안 될 사실이 있다. 성령님이 매 순간 설교 말씀을 통해 역사하신다고 해도 성도 모두가 성령의 역사를 받아들일 마음 밭을 갖고 있는 것은 아니라는 사실이다. 또한 예화에 등장하는 목사님 역시 아무 노력 없이 한 줄만으로 성공적인 설교를 한 것처럼 보일지 모른다. 그러나 실제로는 그 말씀을 증거하기 위해 하나님 앞에서 상상치 못할 노력을 했을 것이다. 그런 까닭에 성령님이 그런 놀라운 역사를 일으키신 것이다.

이처럼 모든 성도가 옥토와 같은 마음 밭으로 말씀을 받아들이는 것은 아니므로 목회자는 설교를 위해 눈물 나는 노력을 해야만 한다. '어떤 말씀도 아멘으로 받아들일 준비가 되어 있어야 한다' '성령의 인도하심에 맡기면 어떤 말씀이든 은혜가 될 수밖에 없다'는 주장만 해선 안 된다. 그 전에, 목회자가 먼저 변해야 한다. 성도의 수준을 탓하기 전에 목회자가 각기 다른 성도들의 영적 수준에 맞춰야 하는 것이다.

또한 '설교는 하나님의 말씀이고 성령님이 그 가운데 역사하시니, 그냥 주일 당일에 주님만 의지하고 서면 되겠지'라는 생각도 버려야 한다. 이것은 겸손하게 주님을 의지하는 모습이 아니다. 설교 준비를 하지 않겠다는 핑계에 불과하다.

순서를 바로 알아야 한다. 설교를 위한 피나는 노력을 한 후에 하나님을 의지해야 한다. 그리할 때 성령도 강력하게 역사하신다. 물론 아무런 준비도 안 된 상태에서 하나님이 불시에 어딘가에 세우사 말씀을 증거하게 하실 때가 있다. 그런 경우는 준비 없이도 하나님이 역사하실 수 있지만 그런 예외적인 경우가 아니라면 설교는 철저히 준비해야 한다. 하나님이 목회자에게 일주일을 허락하신 데에는 다 이유가 있다.

설교자는 하나님의 말씀이 증거되는 통로이자, 하나님의 뜻을 전하는 도구다. 하지만 노력 없이는 절대 통로와 도구가 될 수 없다. 사실 노력이 필요 없다면 아무나 도구로 세우실 수 있다. 하나님이 왜 설교자를 따로 세우셨는지를 명심하자.

설교는 하늘나라의 언어를 사람의 언어로 전달하는 과정을 수반한다. 설교가 잘되면 지옥에 갈 뻔한 영혼이 천국에 갈 수 있고, 설교가 잘 안 되면 천국에 갈 수 있던 영혼이 교회를 떠나 지옥에 갈 수 있다. 그만큼 거룩한 긴장감이 필요하고, 무엇보다 중요한 것이 설교다.

성장하는 건강한 교회의 '설교자', 어떻게 설교하는가?

1) 변함없는 대전제, '설교의 중심은 성경이다'

설교가 일반적인 강연과 결정적으로 다른 점은 설교자 자신의 생각과 지식을 전달하는 것이 아니란 사실이다. 설교는 분명히 하나님의 말씀, 곧 성경을 중심으로 전해지는 메시지다.

그러나 가장 기초적인 이 대전제가 흔들려 버리는 경우가 허다하다. 강대상 위에 성경책을 펼쳐 놓기는 했지만 성경은 거들기만 할 뿐, 설교자 자신의 생각이 하나님의 말씀으로 둔갑하는 경우가 있다.

더 큰 문제는 설교자 자신도 그 사실을 인지하지 못한다는 것이다. 이것이 자신의 생각인지, 하나님의 뜻인지 분별할 능력을 잃어버린 경우에는 자신의 생각을 말하면서도 문제의식을 느끼지 못한다. 자신의 생각을 하나님의 생각으로 합리화하여 설교하는 것에 익숙한 경우도 마찬가지다. 지속적으로 자신의 말을 하나님의 말씀으로 포장하게 된다.

결국 이런 설교는 생명력을 잃고 만다. 화법도 훌륭하고, 권위 있으며, 내용도 설득력이 있지만, 정작 생명력이 없다. 당장은 멋진 설교라는 생각이 드나 돌아서면 이내 생명력을 잃고 만다. 성도는 이것이 반복되면 공허함 속에서 내 영혼을 소생시켜 줄 말씀을 찾게 된다.

그런 까닭에 '설교는 하나님의 말씀이 중심이 되어야 한다'는 전제는 너무나 당연하고 상투적인 것 같지만 아무리 강조해도 지나치지 않다. 실제로 인터뷰를 통해 만난 설교자들은 어느 누구도 예외 없이 '말씀 중심'의 설교를 강조한다.

"설교는 말씀을 복원시키는 것이라 생각합니다. 부서진 벽돌, 나무토막을 가지고 옛날의 집을 건축하는 것과 같죠. 왜 주석이 많은데 설교는 잘하지 못할까요? 그 이유는 무엇인가 비어 있는 부분이 있기 때문입니다. 이 문제를 해결하려면 먼저 성경 본문을 객관적으로 해석한 뒤에 '양들'을 보며 목회적 관점에서 한 번 더 주석을 해야 합니다. 주관적 해석을 해보는 것입니다. 그래야만 교인들이 알아듣습니다. 성서학자가 성경의 원석을 발견하는 사람이라면 설교자는 원석을 가공하여 반지로 만드는 사람입니다. 성도들에게 완성된 반지를 내놓아야지 원석을 내놓아서는 안 됩니다. 그래야 성도들이 그 말씀을 받아 적용하고 승리하는 삶을 살아갈 수 있습니다. 설교자는 기술자이면서 예술가입니다." (김서택 목사_대구동부교회)

▶ 설교를 잘하려면 내 생각에 따라 성경을 이리저리 만지지 말고, 성경의 진리를 그 자체로 온전하게 제시할 수 있어야 함을 강조하고 있다.

"제 사명 중 하나는 인본주의적 인문학이 팽배한 세상에서 신본주의적 인문학이 진정한 인문학이며, '인문학의 주인은 하나님이십니다!'를 보여 주는 것입니다. 어설프게 인문학적인 멋을 부리며 설교를 하면 자기 자랑과 모호함의 늪에 빠져 버릴 수 있습니다. 또한 인문학은 '땅의 신음'인데, 이 '신음'은 본질도 해답도 아닙니다. 그 신음을 잘 듣고 하나님의 말씀으로 해석해 주어야 합니다. 설교자는 무엇보다도 하나님과 깊이 만난 그 본질을 설교해야 함이 우선입니다. 인문학은 '땅의 소리'를 잘 대변하지만 설교자는 '하늘의 음성'을 '땅의 소리'로 전해 주어야 합니다. 예수님은 누구보다도 하늘에 잇대어 계셨습니다. 그리고 기막힌 '땅의 화법'으로 '귀에 쏙 들어오는 설교'를 하셨습니다. 한마디로 하늘의 음성을 인문학적인 땅의 화법

으로 말하면 기막힌 조화를 이룬 설교를 하게 되는 것입니다."^{(한재}

<small>욱 목사_강남비전교회)</small>

"설교는 성령님의 감동으로 선택한 본문을 통하여 그 말씀이 전하려고 하는 분명한 메시지를 청중에게 은혜가 되도록 선포하는 것입니다. 설교의 권위는 설교자의 언재(言才)에 있지 않습니다. 성경 자체로부터 나오는 것입니다. 설교를 들은 청중의 마음에 지속적으로 말씀의 잔향이 남아 삶을 변화시키는 것은 성경 말씀 그 자체이지 설교자의 능력이 아닙니다."<small>(최이우 목사_종교교회)</small>

▶ 하나님의 음성을 그대로 증거하려는 것, 이것이 설교자의 기본 자세임을 강조하고 있다.

2) '성경 지식이 많은 것'과 '성경과 가깝게 지내는 것'은 다르다

성경 말씀이 중심이 된 설교는 성경 지식이 많다고 해서 할 수 있는 것이 아니다. 성경 말씀이 중심이 된 설교는 성경과 가깝게 지낼 때 가능하다. 얼핏 '성경 지식이 많은 것'과 '성경과 가깝게 지내는 것'이 같은 것처럼 보일지 모르겠다. 그러나 엄연히 다르다. 성경 말씀과 가까워질수록 성경 지식이 많아지는 것은 맞는 말이지만 성경 지식이 많다고 해서 성경 말씀과 가깝게 지내고 있다고는 할 수 없다. 명제의 역은 성립하지 않는 셈이다.

한 가지 예를 들어 설명해 보겠다. 어떤 사람이 중·고등학교 시절에 역사 공부를 열심히 하여 방대한 역사 지식을 가지고 있다고 해보자. 하지만 현재는 역사에 별다른 관심이 없다면 어떨까? 과거에는 시험을 잘 보기 위해 악착같이 공부하여 방대한 역사 지식을 머릿속에 담아 둘 수 있었지만, 지금은 흥미가 없어서 역사 관련 도서는 아예 건드리지도 않는다면 어떨까? 과연 그 사람이 역사와 가까이 지낸다고 말할 수 있을까? 마찬가지로 머릿속에 담아 둔 성경 지식은 방대해도 성경 말씀을 붙드는 정도는 약할 수 있다. 말씀을 읽고 말씀과 씨름하며 묵상하는 노력은 적을 수 있는 것이다. 그런 목회자는 성경과 가깝게 지낸다고 말할 수 없다.

이 차이에 대해 살펴보는 것이 중요한 이유는 목회자들이 갈수록 성경에서 벗어난 설교를 하는 것과 어느 정도 연관이 있기 때문이다. 목회자들이 실수하는 것 중 하나가, 바로 목회 연차가 늘수록 성경과 가까이하지 않는다는 것이다. '이미 아는 것이 많기 때문에' '지금의 성경 지식만으로도 충분하기 때문에' 성경 말씀과 덜 가까이해도 된다고 생각하는 것이다. 가령, 목회 초반에는 겸손한 마음으로 말씀을 끼고 살며 읽고 배우고 묵상하는 것을 반복한다. 그러나 점점 아는 양이 쌓이다 보면 초창기처럼 할 필요가 없다고 여긴다. 또한 과거에는 성경을 배우고 붙드느라 말씀 연구에 오랜 시간을 할애했지만, 시간이 지날수록 과거에 쌓아 놓은 성경 지식과 연구 자료를 참고해 강단에 서게 된다.

설교를 위한 성경 공부는 다른 공부와 다르다. 다른 공부는 어느 정도 지식이 쌓이면 그다음부터는 강도를 줄여도 된다. 영어 공부의 경우, 문법과 단어, 회화 등을 마스터하여 능통한 영어 실력을 갖추게 되면, 그다음부터는 처음처럼 치열하게 공부할 필요가 없다. 그러나 설교를 위한 성경 공부는 그렇지 않다. 시간이 지나고 아는 지식이 늘어도 여전히 성경 곁을 떠나선 안 된다. 목회를 하면 할수록 말씀과 마주하는 시간이 더 늘었으면 늘었지 줄면 안 되는 것이다.

무엇보다 성경 말씀은 역사책, 위인전, 교훈집이 아니라 생명의 책이다. 똑같은 것을 천 번 읽어도 그때마다 하나님이 주시는 메시지는 다를 수 있는 것이 바로 성경이다. 수십 년 목회를 한 목회자도 지겹도록 마주했던 본문 안에서 몇 십 년 만에 몰랐던 진리를 깨달을 수 있는 것이 성경이다. 하나님의 말씀이다.

"말씀 연구는 하나님과 대화하는 것과 같습니다. 말씀에 깊이 빠져들면 '어! 이런 말씀이 있었네? 이런 뜻이 있었네?' 하면서 주님이 깨닫게 하시는 귀한 보물들을 발견할 수 있습니다. 바로 그 메시지를 전할 때 역동성이 일어납니다. 하지만 많은 경우에 말씀을 충분히 연구할 수 있는 '여유로움'을 확보하는 데 실패합니다." (이성화 목사_서문교회)

▶ 말씀을 통한 깨달음은 무한하다. 그만큼 본문 하나를 가지고도 상상치 못한 방법으로 풍성한 은혜를 부어 주실 수 있다.

성경과 가까워져야 한다. 목회 연차가 많아질수록, 머리에 담긴 성경 지식이 늘어나면 늘어날수록 더 읽어야 하고 더 붙들어야 한다. 실제로 인터뷰한 목사님들은 목회 연차가 늘었다고 해서 말씀을 붙드는 강도와 빈도를 낮추지 않았다. 오히려 높여 나갔다.

"하루에 1시간 반은 꼭 성경을 봅니다. 그러다 보니 저는 독서량이 많을 때는 1년에 10독 이상을 합니다. 지금도 아무리 못해도 6~7독은 해요. 저는 인터넷을 잘 못하니까 다른 분들의 설교를 참고하는 것도 잘 못합니다. 그래서 그저 성경을 가지고 기도하면서 준비합니다." (이경성 목사_대전명성교회)

"새로 만나는 본문에서 가장 중요한 것은 깊이 있는 묵상입니다. 그 묵상이 내게 체화되려면 시간이 필요해요. 깊이 있게 말씀을 묵상하다 보면 하나님이 우리에게 말씀하시고자 하는 부분을 발견하게 됩니다. 저의 경우 이동원 목사님의 설교 방식을 좋아하는 편입니다. 3대지 방식, 하나의 주제에 테마를 정하고, 스토리텔링까지 다양한 방식으로 말씀을 전하지만 굉장히 쉽게 느껴집니다. 그러나 그렇게 쉽게 느껴지도록 하기 위해서는 그만큼 더 깊이 있는 묵상이 필요하기 때문에 평소에 책도 많이 읽으려고 노력해요. 책 속에서 발견하는 귀한 가르침은 설교에도 많은 도움이 됩니다. 독서를 통해서 저 스스로가 굉장히 풍성해지는 것을 느낍니다." (김창근 원로목사_무학교회)

▶ 목회 연차가 어떠하든, 성경은 꾸준하게 많이 읽어야 함을 강조하고 있다. 또한 오랜 세월 목회했다 해도 말씀을 붙들고 묵상하는 것에는 많은 시간을 할애해야 함을 설교 준비 과정을 통해 여실히 보여 주고 있다.

3) 말씀을 붙드는 정도는 준비 과정의 치열함이 결정한다

설교를 위해 성경 말씀을 붙든다는 것은 성경을 많이 읽고 묵상하는 것만을 의미하지 않는다. 성경에 대한 끊임없는 연구 과정 역시 필요하다. 구체적으로 말씀이 전해질 당시의 배경과 삶의 자리를 확인하는 것을 포함한다. 또한 각 단어의 본래 의미를 찾는 등 기본적인 주석의 과정도 반드시 수반한다. 이런 것들이 더해질 때 하나님의 말씀이 청중이 들을 수 있는 언어로 전환될 수 있다. (이 과정에 대한 구체적인 방법은 Part 4에서 다룰 것이다.)

그런데 간혹 주석 한 권만 대충 읽은 후 배경과 원어에 담긴 뜻 등을 파악하는 것으로 주석 과정을 마치는 경우가 있다. 그러고는 이렇게 생각한다.

'이 정도만 해도 성도들에게 도움이 될 거야.'

그러나 성도는 속일 수 있어도 하나님은 못 속인다. 아니, 오늘날에는 성도들도 다 안다. 주석이라는 것은 단순히 한두 권만 참조하는 것으로 완성되는 작업이 아니다. 명확한 역사적 배경이 드러나 있는 부분도 있지만 어느 정도 논쟁을 불러올 만한 사항들도 존재하게 마련이다. 원어가 내포하고 있는 문법적 의미 등도 마찬가지다. 그만큼 신뢰할 만한 주석서를 여러 권 찾아본 후 설교에 필요한 내용을 최종적으로 정리할 수 있어야 한다.

이러한 노력들이 성경과 가까이하고 성경 중심의 설교, 곧 하나님의 말씀이 핵심이 되는 설교를 하기 위한 기본 조건이 된다. 이러한 노력은 설교 준비에 들이는 시간을 보면 가늠할 수 있다. 실제로 설교 잘한다는 설교자들도 설교 준비를 빨리 끝내지 않는다. 소위 말하는 달인이 되었으니 '척하면 척'일 것 같지만 오히려 더 고군분투하며 준비한다. 특히 그 어떤 것보다 설교를 준비하는 것에 매진한다. 그만큼 며칠 전에 설교 준비를 하는 것이 아니라, 일주일 전체를 설교를 위한 날들로 삼는다.

"저는 설교를 준비하는 데 시간이 꽤 걸리기 때문에 다른 일에 시간을 많이 쏟는 것이 힘듭니다. 저는 말씀을 깊이 연구하고 묵상한 후 풀 텍스트(full text)를 작성하여 주보에 싣습니다. 주일 설교 원고는 금요일 오후 2~3시쯤에 완성되는데, 목요일 저녁부터 토요일 오전까지는 오로지 주일 설교 준비에 매진합니다. 수요일에는 다른 일정이 없는 한 제가 강대상에 오르기 때문에 화요일 오후부터 수요일 오전까지는 수요예배 설교를 준비하며 시간을 보냅니다. 목사의 삶은 참 단순하죠. 특히 목회자의 본질적 소명은 말씀 사역이기 때문에 말씀 준비 외에 다른 일들은 '상황이 되는 만큼만' 하면 됩니다. 지나치게 바쁘면 목회자의 영적 건강을 해치게 됩니다. 최근 성공한 CEO들을 보아도 바쁘지 않아야 성공한다고들 말합니다. 목사이기 이전에 그리스도인으로서 주님과 만나는 시간을 확보해야 합니다. 이것이 실패하면 신앙의 타락으로 이어지기 쉽습니다." (지형은 목사_ 성락성결교회)

"그래서 불필요한 시간은 모두 줄이고 꼭 필요한 심방 외에 개인적인 만남이나 약속은 최소한으로 하는 편입니다. 새벽기도 후에 가장 집중력이 좋기 때문에 그 시간을 최대한 활용하여 말씀을 연구하고 자료를 찾습니다. 하나님의 종은 설교를 위해 존재한다는 생각으로 제 주변에서 일어나는 모든 일을 설교와 연관 지어서 생각하고 예화에 적용합니다. 성경 말씀이 옛날이야기가 아니라 지금 우리에게 하시는 하나님의 말씀으로 교인들의 마음에 다가가는 일이 가장 중요하기 때문에 사명감을 가지고 최선을 다하고 있습니다."(국명호 목사_여의도침례교회)

"매주 월요일과 화요일은 책 보는 시간입니다. 이틀 동안은 불가피한 경우를 제외하고 교회 사역도 하지 않았습니다. 그리고 수요일부터 금요일 오전까지는 교회 일을 하고, 금요일 저녁에 다시 남한산성에 올라가서 설교 준비를 했습니다. 화요일에 책을 읽으며 이미 설교의 큰 틀은 정해 놓은 상태이기 때문에 그 본문과 관련된 자료를 다 챙겨서 올라가는 거예요. 그곳에서 설교 원고를 작성하고 토요일 오전에 목회지원실에 보내고 나면, 다시 교회로 돌아와서 말씀 묵상도 하고 기도도 하며 하나님의 인도하심을 구했습니다."(이철신 원로목사_영락교회)

▶ 어떤 상황에서도 설교자의 우선순위는 설교여야 함을 보여 주고 있다. 그만큼 목회자는 설교 외의 다른 일로 바빠서는 안 된다.

"저는 예배를 중계하면 지식 전달만 되고 영성과 인격은 전달이 안 된다고 생각합니다. 그래서 예배를 따로 드리면서 설교자도 따로 세웠습니다. 담임목사와 부목사가 같은 시간에 다른 예배당에서 같은 본문으로 설교하는 것이죠. 그래서 청년대학부 목사, 행정 목사, 비서 목사, 나 이렇게 네 명이 설교 준비를 같이합니다. 예수님이 제자들과 동행하며 교훈을 가르치신 것처럼 부목사들과 설교 공동체를 만든 것입니다. 본문이 정해지면 각자 설교를 준비하고 설교 9일 전, 금주 말고 그다음 주 설교를 미리 준비해서 옵니다. 그리고 한 시간 반 동안 돌아가면서 본인이 구성해 온 설교의 제목, 대지, 적용 등을 발표합니다. 그럼 비서 목사가 옆에서 모든 설교를 다 기록합니다. 발표가 끝나면 어떤 제목과 대지가 좋은지, 적용은 어떤 게 가장 성도들에게 와닿을지 한 사람씩 이야기해요. 그렇게 가장 좋은 것들을 뽑아서 하나의 설교를 완성하는 것입니다. 이렇게 부목사들과 하나의 영성으로 하나의 설교를 전할 때 교회 공동체에도 건강한 은혜가 전달됩니다." (김인중 원로목사_안산동산교회)

▶ 간혹 부교역자들에게 설교 이외의 교회 업무가 과중하게 맡겨지는 경우가 있다. 그런데 여기서는 설교자들이 오로지 설교에 우선순위를 둘 수 있게 하고 있다. 특히 설교 공동체라는 시스템까지 둘 정도로 설교에 절대적인 가치를 두고 있다.

4) 말씀을 붙들면 그다음은 성령님이 역사하신다

설교를 잘하려면 말씀을 잘 붙들고 성령을 붙들면 된다. 물론 말씀을 잘 붙든다는 것에는 위에서도 언급한 대로 치열한 설교자의 노력이 수반되어야 한다.

그런데 '말씀을 잘 붙든다'는 전제가 충족되면 그다음은 조금 쉬워진다. 그다음부터는 성령님이 역사하실 차례이기 때문

미래 목회 성장 리포트

이다. 물론 성경 말씀과 씨름하는 그 과정에서부터 성령님은 역사하신다. (조금 더 정확히 말하면 설교 본문을 정하는 때부터 이미 역사하신다). 그러나 그 말씀이 살아 있는 말씀으로 청중에게 들리려면 성령의 역할이 중요하다.

"설교는 문학작품처럼 창작이 아니잖아요. 만고불변의 하나님의 말씀, 성경 안에 가득 차 있는 그 말씀들이 설교의 재료 아니겠어요? 설교는 그 안에 다 있는 겁니다. 밤낮으로 말씀을 묵상하고, 성령의 감동으로 전하는 것이 설교예요." (유재필 원로목사_순복음노원교회)

▶ 말씀 안에 설교의 모든 것이 있다. 그런데 그것을 끄집어내시는 분, 그것으로 역사하시는 분은 성령님이시다.

특히 말씀에 충실하게 설교를 준비하다 보면 인간이 해결하기 힘든 과제들을 성령님이 능히 해결해 주심을 경험하게 된다. 예를 들어 내가 준비한 이 말씀이 성도들에게 은혜가 될지를 고민하는 경우가 있다. 그런데 만약 하나님의 말씀을 온전히 증거하기 위해 성경 말씀에 충실히 설교 준비를 했다면 성령님은 예상치 못한 방향으로 역사를 이루신다.

"교회의 상황에 맞는 설교를 하게 되면 '그 상황'에 해당하는 성도가 아파해요. 하지만 지난 14년 동안 본문을 따라 설교를 준비하자 신기하게도 교회가 본문이 가는 곳으로 향한다는 것을 체감했습니다. 문제가 터지면 그 문제를 해결하기 위해 설교하는 '치유목회'가 아니라 '예방목회'를 하는 기분이 들었습니다. 본문의 말씀이 성도들에게 일어날 일을 미리 경고하여 어떠한 일이 닥쳤을 때 믿음으로 잘 극복하게 하는 역사가 일어나는 것이죠." (황유석 목사_수원은혜교회)

▶ 목회자가 성도들의 상황에 맞춰 본문을 정하지 않아도, 성령님이 알아서 본문에 맞춰 성도들이 따라올 수 있게 하신다.

5) 성령님이 주관하시는 설교를 위해 무릎을 꿇는다

그렇다면 성령님이 전적으로 개입하시는 역사를 기대하려면 어떻게 해야 하는가? 내 힘을 빼면 된다. 내가 한다고 생각하지 말고 오직 성령님이 주관하셔야 함을 고백하며 무릎을 꿇는 것이다. 그런 겸손함이 있을 때 하나님이 역사하신다. 만약 아무리 말씀 중심으로 철저하게 준비했어도 내가 설교를 통해 역사를 일으켜 보겠다고 하면 성령님이 이끄실 수가 없다. 따라서 설교를 준비하고 전하려면 기도가 뒷받침되어야 한다.

"무엇보다 중요한 것은 하나님과의 관계, 하나님께 받는 은혜의 통로가 막히지 않게 하는 것입니다." (국명호 목사_여의도침례교회)

"말씀을 펴는 순간부터 성령님이 역사하시도록 해야 합니다. '성령님을 환영해 드려야' 하고 언제나 성령님을 모셔들이는 자세가 중요합니다. 성경은 성령의 감동으로 기록된 것이므로 말씀을 깨닫기 위해서는 성령의 감동과 조명을 받아야 합니다. 비록 오래전에 기록된 것이지만 성령님은 지금도 동일하게 감동을 주십니다. 그러므로 설교 준비를 할 때 늘 성령의 조명을 받아야 하며 설교자는 항상 성령 충만을 구해야 합니다. 그래야만 그 충만한 영을 성도들과 공유할 수 있습니다."(조봉희 원로목사_지구촌교회)

"설교를 준비하는 데 있어 가장 중요하게 생각하는 것은 기도와 성령의 인도함입니다. 이번 주에 전해야 할 말씀이 무엇인지 열심히 기도하면서 구하면 꼭 필요한 말씀을 전하게 하세요. 반면에 성령의 인도하심을 받지 않은 채 설교하고 나면 '이것이 하나님이 기뻐하시는 설교가 아니었나 보다'는 생각이 들면서 공허한 기분이 됩니다. 저는 매주 하나님께 묻고 성령님의 인도하심을 따라 설교하는 것이 중요하다고 생각합니다."(박동찬 목사_일산광림교회)

"전에는 설교 준비가 엄청난 스트레스였어요. 늘 성령님의 도움을 구하지만 말 그대로 도와달라는 것이었어요. '성령님 제가 설교를 잘하도록 도와주세요. 은혜를 끼칠 수 있도록 도와주세요.' 설교는 내가 하고 성령님은 도와주는 분이었어요. 그러니까 엄청 힘들었어요. 설교 스트레스는 내가 설교한다고 생각하니까 오는 것이더라고요. 근데 영성 일기를 쓰면서 주님과의 친밀함이 깊어지면서부터 말씀하실 주님에 대한 믿음이 커지니까 저는 그냥 주님이 주시는 말씀을 받는 거예요. 말씀은 주님이 하시는 겁니다. 이건 엄청난 차이예요. 처음에는 설교 분량도 내가 그 분량을 채우려고 하니 어떤 때는 분량을 늘리거나 각색하기에 바빴어요. 그러다 보니까 오히려 주님이 주신 그 핵심 메시지가 흐려져 버렸어요. 그런데 이제는 성령님의 역사하심을 전적으로 의지하고, 말씀하시는 주님을 기대하면서 나가다 보니 '주시는 말씀만 하자' 이렇게 바뀌었어요. 그러니까 엄청 편해졌어요."(유기성 목사_선한목자교회)

▶ 설교를 준비하고 전달하는 과정에서 성령님의 도우심을 받는 첫 번째 방법은 겸손이다. 성령님을 온전히 모셔들이는 것, 그리고 성령님의 도우심이 아니고는 안 된다는 마음으로 나가는 것이 설교의 해법임을 공통적으로 말하고 있다.

포스트 코로나 시대를 맞아 미래 목회 성장에 있어 설교의 비중은 더욱 강조되고 있다. 중요해진 만큼 부담이 될 수 있겠지만 지금까지 정리해 본 것을 살펴보면 의외로 간단한 해법을 제시하고 있다. 성경과 성령, 두 가지 키워드 아래 모든 것이 다 어우러져 있다고 해도 과언이 아니다. 하나님의 말씀인 성경을 붙들고(지속적인 읽기와 묵상, 주석 등의 철저한 노력을 포함) 성령에 의지하는 것(준비와 전달 과정에서의 철저한 개입), 이것이 전부다.

하지만 이 간단한 두 가지가 결여되고 있는 것이 오늘의 현실이다. 자신도 모르게 인간의 언어가 흘러가고 있는 강단, 본질적인 것을 놓치고 부수적인 방법론에만 매여 있는 목회자들… 이것이 교회를 흔들리게 하고 있다. 하지만 본질을 붙든다면 회복과 성장은 충분히 가능하다. 성령님이 하시는 일인 만큼 실현 가능하다.

이제 목회자들과의 인터뷰를 통해 파악된 이 공통적인 원리를 되새겨 보자. 그리고 여기서 다루지 않은 적용에 필요한 추가적인 대안들은 Part 4에서 살펴볼 것이다.

기억하면 좋을 한마디 (인터뷰에서 발췌)

설교의 중심은 성경	"성서학자가 성경의 원석을 발견하는 사람이라면 설교자는 원석을 가공하여 반지로 만드는 사람입니다."	김서택 목사 (대구동부교회)
	"예수님이 그러신 것처럼, 설교자는 '하늘의 음성'을 '땅의 소리'로 전해 주어야 합니다."	한재욱 목사 (강남비전교회)
	"설교를 들은 청중의 마음에 지속적으로 말씀의 잔향이 남아 삶을 변화시키는 것은 성경 말씀 그 자체이지 설교자의 능력이 아닙니다."	최이우 목사 (종교교회)
성경과 가까이하는 삶	"하나님과의 대화 속에서 깨닫게 해주시는 보물을 전할 때, 성도들의 삶 속에서 역동성이 일어납니다."	이성화 목사 (서문교회)
	"아무리 못해도 1년에 6~7독은 해요(많게는 10독). 저는 다른 목회자들의 설교를 참고하는 것도 잘 못합니다. 그저 성경을 가지고 기도하면서 준비합니다."	이경성 목사 (대전명성교회)
	"새로 만나는 본문에 있어서 가장 중요한 것은 깊이 있는 묵상입니다. 그 묵상이 내게 체화되려면 시간이 필요해요."	김창근 원로목사 (무학교회)
말씀을 붙드는 치열한 준비 과정	"목회자의 본질적 소명은 말씀 사역이기 때문에 말씀 준비 외에 다른 일들은 '상황이 되는 만큼만' 하면 됩니다. 주님과 만나는 시간을 확보하지 못하면 신앙의 타락으로 이어지기 쉽습니다."	지형은 목사 (성락성결교회)
	"하나님의 종은 설교를 위해 존재한다는 생각으로 제 주변에서 일어나는 모든 일을 설교와 연관 지어서 생각합니다."	국명호 목사 (여의도침례교회)

말씀을 붇드는 치열한 준비 과정	"주중 내내 설교에 집중하며 설교를 준비합니다. 그리고 토요일 오전에 목회지원실에 보내고 나면, 다시 교회로 돌아와서 말씀 묵상을 시작합니다."	이철신 원로목사 (영락교회)
	"예배를 중계하면 지식 전달만 되고 영성과 인격은 전달이 안 되기에 부목사들과 하나의 영성으로 하나의 설교를 전할 수 있도록 설교 공동체를 만들어 설교를 준비합니다."	김인중 원로목사 (안산동산교회)
말씀을 의지했을 때 나타나는 성령의 역사	"설교는 문학작품처럼 창작이 아니잖아요. 설교는 말씀 안에 다 있는 겁니다. 밤낮으로 말씀을 묵상하고, 성령의 감동으로 전하는 것이 설교예요."	유재필 원로목사 (순복음노원교회)
	"본문을 따라 설교를 준비하자 교회가 본문이 가는 곳으로 향하기 시작했습니다. 본문 말씀이 성도들에게 일어날 일을 미리 경고하여 믿음으로 극복하게 하는 역사가 일어나는 거죠."	황유석 목사 (수원은혜교회)
성령을 의지하기 위한 겸손한 자세	"말씀을 펴는 순간부터 성령님이 역사하시도록 해야 합니다. 설교자가 항상 성령 충만을 구해야 그 충만한 영을 성도들과 공유할 수 있습니다."	조봉희 원로목사 (지구촌교회)
	"성령님은 이번 주에 전해야 할 말씀이 무엇인지 열심히 기도하면서 구하면 꼭 필요한 말씀을 전하게 하세요."	박동찬 목사 (일산광림교회)
	"이젠 성령께 설교를 도와달라고 하는 것이 아니라, 성령의 역사하심을 전적으로 의지합니다. 주님이 '주시는 말씀만 하자'는 마음으로 나아갑니다."	유기성 목사 (선한목자교회)

2.

교회 성장 요인의 두 번째 요소, '지역 사회'에 대하여

과거에 교회는 지역 사회 안에서 든든한 존재였다. 왠지 교회를 보면 든든한 기분이 들었다. 교회를 다니지 않는 사람이라도, 그 교회와 아무런 상관이 없는 사람이라도 마냥 교회를 좋게 바라보았다. 또 교회는 힘들 때 무작정 찾아가도 받아 줄 것만 같은 곳이었다. 심지어 그리스도인들에 대한 핍박이 존재하던 시대였음에도 저마다 교회는 좋은 곳이라고 생각했다.

그러나 지금은 교회가 그런 느낌을 주지 않는다. 존재감 자체가 사라졌는가 하면, 손가락질을 받기까지 한다. 어느새 의의 핍박이 아닌 문제와 사고로 인한 비난을 더 많이 받게 되었다. 그리고 이러한 문제는 코로나19 시대에 더욱 거세게 불거지기 시작했다.

지역 사회에 대한 헌신이 교회 성장을 견인한다

1) 교회는 지역 사회를 섬기기 위해 존재한다

◇ '교회=이웃사랑'이던 시절이 있었다

한국 땅에 처음 복음이 전파되었을 때, 한국인들이 복음을 받아들일 수 있었던 것은 사랑 때문이었다. 사실 생전 처음 접

PART 2. 한국 교회 변화를 위한 세 가지 키워드

하는 파란 눈의 서양 사람들이 전하는 복음을 스스럼없이 반길 사람은 없었다. 특히나 유교 문화에 젖어 있는 한국인에게 그들이 전하는 복음은 낯선 것이었고 심지어 '적'으로 다가왔다. 그럼에도 그들의 순수하고 헌신적인 사랑이 한국인의 마음을 바꿔 놓았다. 그들의 사랑이 희생으로 이어지자, 지역 사회 내에서 교회의 위치가 달라지기 시작했다.

분명 과거 한국 교회는 그 누구도 보여 줄 수 없는 희생적인 사랑의 모범이었다. 한 가지 사례를 나누어 보자. 전염병으로 인해 광희문인 수구문에 시체가 매일 쌓인 적이 있다. 심지어 살아 있음에도 전염을 피하고자 가족들에 의해 버려진 사람도 있었다. 바로 그때 기독교인들이 시신을 정성껏 수습하는가 하면 가족에게 버림받은 사람들을 집으로 데려가 상처를 닦아 주고 돌봐 주었다. 특히 경신학교 설립자인 존 디 웰즈(John D. Wells)는 당시 특효약을 만들어 죽어 가는 사람들 중 일부를 회복시킬 수 있었다.[3]

대표적인 예를 한 가지 들었지만, 당시 교회는 몸을 사리지 않았다. 자신과 아무런 상관이 없어 보이는 사람들이었음에도 그들은 가족처럼, 아니 가족보다 더 아꼈다. 그런 모습 하나하나가 복음의 씨를 퍼뜨리는 데 중요한 역할을 했다.

사실 전염병에 걸린 시신을 거두는 것은 위험할뿐더러, 그 일을 한다고 해서 당장 어떠한 유익이 있는 것도 아니다. 이미

죽은 사람들이 우리 교회에 등록할 수 있는 것도 아니다. 그러나 그들은 교인 하나 늘리기 위해 그렇게 했던 것이 아니다. 그들에게 복음은 사랑이고 사랑이 곧 복음이었다. 그렇기에 복음을 전하다가도 누군가를 살려야 할 일, 도와야 할 일이 있으면 발 벗고 나섰다. 그 과정에서 복음은 희생적 사랑을 타고 많은 이의 마음 문을 두드리기 시작했다.

◇ 지역 사회를 향한 섬김, 성경이 가르치고 있다

과거 한국 교회가 베푼 사랑은 우리가 지역 사회 안에서 어떠한 존재인지를 다시금 돌아보게 해준다. 과거 그들의 모습은 우리의 역할과 사명을 분명히 해주는 지표다. 그런데 사실 성경은 이미 지역 사회를 향해 무엇을 해야 하는지를 알려 주고 있다.

모세오경에서 하나님은 지속적으로 소외된 계층과 타향살이를 하는 이웃을 돌보라고 말씀하셨고, 그것을 율법으로 규정하셨다. 신약 역시 이웃을 향한 사랑을 지속적으로 강조하고 있다. 새 계명 중 하나가 이웃 사랑으로 압축될 정도이니, 지역 사회를 향한 섬김이 성경의 기본 정신임은 부정할 수가 없다.

2) 지역 사회에 시선을 두는 것, 이는 옵션이 아니라 의무다

◇ 코로나 시대, 교회의 회복은 교회 기능의 회복에 있다

성경에서도 일러준 이웃 사랑은 옵션이 아니다. 절대적인 의무다. 하나님은 여유가 되고 시간이 남는 교회만 사회를 향

해 시선을 돌리라고 하지 않으신다. 그 누구도 예외 없이 지역 사회를 향해 나아가라고 하신다. 이웃 사랑은 기본적인 교회의 기능이기 때문이다.

안타깝게도 사회를 향해 시선을 돌리는 것에 대해 부정적으로 생각하는 사람들이 있다. 사회 참여, 사회 봉사에 큰 뜻을 두면 교회의 본질을 잃은 채 외부 일에만 신경 쓴다고 생각하는 것이다. 특히 사회 참여에 적극적일 때 따가운 시선을 받기도 한다.

그러나 본질이라는 것은 행동의 내용이 아닌, 행동 안에 담긴 뜻과 관련이 있다. 복음의 본질이 사랑인 만큼 사랑에 근거한 활동이면 본질에 충성한 것이다. 반대로 겉보기에는 본질적인 행위처럼 보여도 그 행위가 사랑에 근거하지 않으면 그것은 비본질에 지나지 않는다. 그러므로 진정한 사랑에 기반을 둔 사회 참여, 사회 봉사를 하고 있다면 시선을 두려워하지 말고 더 적극적으로 나아가야 한다.

◇ 교회 성장이 아닌 교회 회복을 위한 지역 사회 봉사

사실 오늘날에도 교회가 지역 사회를 돌보지 않는 것은 아니다. 오히려 프로그램화하여 보다 다양하고 구체적으로 봉사를 한다. 지역 사회를 섬기는 일에 관심이 없는 교회도 물론 있지만, 관심을 가지고 실천을 이어 가는 교회가 더 많다.

그렇다면 무엇이 문제인가? 지역 사회를 향한 섬김이 복음을 전하는 도구가 되어야 하는데 우리 교회를 성장시키기 위한 도

구가 되고 있다는 데 문제가 있다. 물론 드러내 놓고 이 부분을 강조하지는 않지만 우리 교회 교인 수를 늘리기 위한, 교회를 홍보하기 위한 전략으로 지역 사회를 섬기는 교회들이 있다.

그런데 지역 사회가 그것을 눈치채지 못할 리 없다. 그런 인식이 조금이라도 존재하는 순간, 교회에 대한 이미지는 순수함과 거리가 멀어진다.

분명히 알아야 할 것은 지역 사회를 섬기면 교회가 성장할 수는 있다. 하지만 교회 성장을 위해 지역 사회를 섬겨서는 안 된다. 교회 성장 요인으로 지역 사회를 꼽긴 했으나, 이를 통해 교회 성장을 노리는 것은 금물이다. 지역 사회 섬김을 통해 교회 성장이 자연스러운 결과로 이어질 수는 있어도 그것을 먼저 바라보고 나아가선 안 된다. 교회 성장이 '이유'가 되느냐, '결과'가 되느냐는 천지 차이다.

정리하자면, 우리는 교회 성장이 아닌, 교회 회복을 위해 지역 사회로 나아가야 한다. 즉 교회의 제 기능을 회복하기 위해 눈을 돌려야 하는 것이다.

더 나아가, 코로나19가 가져온 사회 변화는 이 기능을 회복할 절호의 기회인지도 모른다. 점점 더 각박해지는 이 시대에 교회가 이웃을 향해 진정한 사랑을 전한다면 어떻게 될까? 코로나19의 종식을 가늠할 수 없어 저마다 한숨을 쉬는 이때에 교회가 위로와 헌신의 도구가 되어 준다면 교회에 대한 이미지는 어떻게 변할까? 이제 교회가 이 시기를 기회로 삼아야 한다. 아니, 하나님이 기회로 허락하셨음을 깨달아야 한다.

성장하는 건강한 교회는 어떻게
지역 사회에 헌신하는가?

1) 지역 사회에 대한 절대적 사명을 인지한다

지속적으로 강조되는 부분이겠지만 지역 사회를 향한 섬김은 교회의 존재 이유이며, 옵션이 아니라 필수다. 그러나 이 부분에 대해 목회자가 명확한 인식을 하지 못하면, 지역 사회를 향한 섬김은 교회의 핵심 영역으로 자리 잡지 못한다. 가끔씩 치러지는 행사나 교회를 알리기 위한 홍보 도구로 활용되는 데 그치고 마는 것이다. 그런 만큼 지역 사회를 향한 섬김과 헌신이 지속되려면 무엇보다 목회자의 분명한 인식이 전제되어야 한다.

특히 최근에는 선교적 교회에 대한 이슈가 한국 교회 안에서도 중요하게 다뤄지고 있다. 선교적 교회로 발돋움하려는 교회들이 늘고 있다. 이렇게 선교적 교회를 지향점으로 삼는 교회라면 지역 사회를 향한 사명을 감당하기에 더없이 유리할 것이다.

"'선교적 교회'라는 단어를 처음 들었을 때 굉장히 인상적으로 다가왔습니다. 우리 교회가 이 지역 사회에 어떤 자세로 나아가고 있나 돌아보는 기회가 되어, 우리 교회의 중심인 다음 세대에게 '선교적 교회론'을 가지도록 가르치고, 실천해야겠다고 생각했습니다. 그래서 먼저, 청년 위주로 '해피하우스팀'을 꾸려 용산 지역 거주민 중 주거 환경이 열악한 분들을 찾아가 벽지를 발라 주고, 전기 시설과

난방 시설을 갖추도록 돕고, 집 문턱이 높아 휠체어 사용에 불편을 겪는 분들을 위해 문턱을 없애 드리는 등의 집수리 사역을 하게 되었습니다. 지금도 이 사역을 하고 있습니다."(이전호 목사_충신교회)

"저의 사역 방향은 선교적 교회를 지향하는 것입니다. 선교적 교회는 목회자 개인에게 집중된 선교가 아닙니다. 목회자와 성도가 모두 선교사가 되는 것입니다. 선교사로 산다는 것은 해외 선교지에 가야만 가능한 것이 아닙니다. 하나님이 우리를 부르신 곳, 그곳이 바로 선교지입니다. 지금 내가 살고 있는 그곳에서 선교사처럼 산다면 그것이 선교사의 사명을 감당하는 성도이며, 이렇게 살아가는 성도들이 모여 하나님을 예배하는 교회가 바로 하나님 마음에 합한 증인 공동체가 되는 것입니다."(김정민 목사_금란교회)

▶ 목회자가 먼저 교회의 방향을 분명히 해야 한다. 선교적 교회로의 전환을 교회의 비전으로 품고 나아가면 그 교회는 지역 사회에 헌신할 수밖에 없게 되어 있다.

"우리 교회가 선교에 많은 재정을 쏟는 이유가 있습니다. 자립 교회는 선교하지 않으면 내분이 일어나게 마련입니다. 물질이 있는 곳에 사람들의 관심이 모입니다. 따라서 물질을 쌓아 놓기만 하고 사용하지 않으면 내분이 일어나게 마련입니다. 그러나 선교하면 내분이 일어나지 않습니다. 또한 교인들은 교회를 신뢰하지 않으면 헌금하지 않습니다. 교인들의 신뢰를 얻으려면 헌금을 바르게 사용해야 합니다. 그것이 바로 선교와 장학과 복지입니다."(박문수 목사_디딤돌교회)

▶ 지역 사회를 향한 봉사를 하게 되면 교회 재정에서 많은 부

분을 써야 할 수 있다. 이때 무엇보다 목회자의 분명한 목회 철학이 필요하다. 무엇이 우선순위인지를 알고 그에 맞게 이끌어 갈 때 성도들도 바른길을 가게 된다.

2) 지역 사회를 향한 사명을 전달한다

목회자가 지역 사회를 향한 분명한 비전을 품고 그것이 얼마나 절대적인 사명인지를 깨달았다면 다음 단계로 나아가야 한다. 그것은 바로 비전의 공유이자, 사명의 선언이다. 지역 사회를 향한 헌신은 목회자 단독으로는 이루어질 수 없다. 이 일은 성도와의 연합을 통해 이루어져야 하는 만큼, 반드시 이 부분에 대한 가르침이 뒤따라야 한다.

사실상 물리적인 수고, 재정적인 지출이 따르다 보니, 지역 사회 섬김을 강조하는 것이 성도들에게 부담을 주는 게 아닌가 생각할 수도 있다. 그러나 오히려 이것은 성도들이 자신의 삶의 자리에서 '어떻게 살아야 하는지'를 구체적으로 알려 주는 역할을 할 수 있다. 물론 실질적으로 부담을 느끼는 성도들도 있다. 그럼에도 하나님의 뜻을 따르고자 하는 성도라면, 그런 비전 제시를 반길 것이다. 실제로 건강한 교회의 성도들은 지역 사회를 향한 봉사활동을 비롯한 다양한 프로그램과 활동에 즐겁고 자발적으로 참여한다. 더 나아가 그 안에서 새로운 행복을 경험하기까지 한다.

"제가 동안교회에 와서 한 것은 복음적이면서도 가장 사회적인 교회의 모습이 뭔가, 지역 사회와 함께 가는 것은 뭔가 하는 고민이었어요. 산동네 교회를 섬기면서 갖게 된 인식이었습니다. 매년 6월이면 우리 교회는 창립기념일 헌금을 합니다…. 이런 나눔을 실천할 때 재미있는 부분이 있어요. 그건 잘사는 가정보다 오히려 어려운 형편의 가정에서 더 적극적으로 섬긴다는 점입니다. 어려운 중에 전도를 받고 교회에 나오게 된 가정이 있는데, 아이들과 함께 이야기를 나누면서 '우리가 가난하고 도움을 받아야 할 형편이지만 우리보다 더 어려운 사람을 위해 돕자'고 했답니다. 그랬더니 아이들이 세뱃돈 받은 것을 내놓더래요. 기쁨나눔상자를 4개나 만들어서 가져왔더라고요…. 이러한 나눔이 점점 확대되어 차상위 계층을 넘어 지역의 어려운 장애인단체 같은 시설에 나누는 것은 물론, 가능하다면 다른 구에도 나누려고 합니다. 이제 지역 사회가 교회의 절기와 기념일을 기다려요. 이를 통해 간접적으로 전도도 하고, 그분들의 삶에 다가가니 우리 교인들은 굉장히 보람을 느끼고 있어요." (동안교회_김형준 목사)

▶ 섬김의 기쁨을 공유하는 것도 목회자의 중요한 역할임을 보여 주고 있다. 무엇보다 그런 기쁨을 알게 되면 성도들의 영적 수준이 향상되는 것은 물론, 성도의 삶에서 새로운 행복을 느끼게 된다.

3) 지역 사회 섬김이 곧 복음이 되어야 한다

지역 사회를 섬기는 일은 그 자체로 순수해야 한다. 이런 섬김이 우리 교회의 교인을 늘리기 위한 것이 되어서는 안 된다.

복음을 증거하고 하나님이 세우신 교회를 증거할 수는 있어도 우리 교회를 증거하고 우리 교회를 내세우는 것이 되어서는 안된다. 실제로 교회가 하는 다양한 선한 사업에 대해 긍정적으로 보지 않는 시각이 있는데, 그 이유 중 하나가 교회의 사회활동을 교회 홍보로 삼기 때문이다. 여기서 기억할 것이 있다. 만약 우리가 이 부분에서 순수함을 잃지 않는다면, 굳이 내가 우리 교회를 알리지 않아도 하나님은 다른 방법을 통해 교회를 성장시키실 것이란 사실이다.

"우리 교회는 숭실대학교와 협약을 맺어 교회와 학교가 나서서 이웃 간의 갈등, 개인 문제 등을 상담해 주고 있습니다. 매주 상담학과 교수님과 대학원생들이 교육관에 모여 봉사하고 있어요. 사람들은 다른 시각으로 우리 교회를 판단할 수도 있겠지만 순수한 목적으로 전도의 환경을 만들고 열심히 이웃을 섬기다 보면 열매를 맺을 수 있다고 생각해요. '전도하는 교회'보다 '전도가 될 만한 교회'로의 전환이 필요하다고 생각하기 때문입니다. 우리가 마을을 교회의 전체 교구라고 생각하며 품고 나가는 것이 중요한 것 같아요." (박봉수 목사_상도중앙교회)

"우리 교회 주보를 한번 보십시오. 이런 주보는 흔하지 않습니다. 일반적으로 주보의 생명은 일주일입니다. 하지만 우리 교회의 주보는 달라요. '하영이행'의 목회 철학을 따라서 이웃을 행복하게 하기 위해 지역 상점들을 홍보합니다. 8면 중에 1면을 할애하여 그들의 사업장을 소개하고 인터뷰 내용을 실어 줍니다. 그곳이 음식점이나

판매점이라면 할인 쿠폰을 함께 올려서 성도들이 주보를 들고 그곳을 방문할 수 있게 합니다."(조성민 목사_상도제일교회)

▶ 우리 교회의 교인 수가 늘어나는 것과 상관없어 보이는 섬김을 지속하는 교회들이 있다. 물론 당장은 손해처럼 보일지 모른다. 그러나 영적으로는 이것이야말로 진정한 하나님 나라의 확장을 이루는 길이다.

4) 지역 사회 섬김은 오직 사랑이어야 한다

지역 사회를 위해 헌신할 때는 교회 차원에서 다양한 수고를 해야 한다. 봉사를 한다면, 성도들끼리 모여 준비 작업을 해야 한다. 특정 프로그램을 통해 봉사를 한다면 그것을 위해서도 많은 수고와 시간을 들여야 한다.

문제는 이것이 '일'이 되어서는 안 된다는 것이다. 간혹 교회에서 하는 다양한 선한 사역들이 성도들에게 스트레스로 다가가는 경우가 많다. 뿐만 아니라 그 과정에서 불화가 일어나기도 한다. 사람들이 모이는 곳에서는 불협화음이 생기게 마련이지만, 사랑을 전하기 위해 모인 자리에서 다툼이 일어나는 것은 민망한 일이다. 지역 사회를 섬기는 것은 고사하고 교회 성장을 저해하는 요소가 될 수 있다. 따라서 만일 이런 역효과가 나타난다면, 잠시 멈춰서라도 해결하고 넘어가야 한다.

지역 사회를 향한 섬김의 모습이 정말로 사랑에 근거한 것이라면 적어도 전 과정이 사랑으로 가득 차야 한다. 누군가 실수하더라도, 의견 차이가 있더라도 포용하고 이해하는 분위기여야 한다. 이를 위해 교회 차원의 훈련과 교육, 설교를 통한 가르침이 필요하다. 더불어 이 모든 활동의 본질이 무엇인지를 끊임없이 상기시키는 일도 필요하다. 그리고 이 모든 활동을 하나님이 기뻐 받으시는지를 돌아보고 점검하는 습관을 가질 필요가 있다. 적어도 하나님의 마음을 생각하는 시간을 갖다 보면, 그 안에서 다투고 미워하는 일을 막을 수 있다.

"사실 우리 교회는 전통적인 신학적 배경을 가지고 있으며 나 또한 보수적인 성향을 가진 목회자였습니다. 그러나 한국 사회에 노출된 아픔과 현상을 함께 호흡하는 토대가 교회에 만들어지면서 교인들이 더욱 성숙해지고 있습니다. 지역 사회의 일에 깊은 관심을 가지고 그에 맞추어 사역을 개발해 나가며, 우리의 사역을 이 세상에 나타내 보여 주는 것이 빛과 소금의 역할이라고 생각합니다. 요즘 교우들은 그리스도인으로 존재하는 것의 의미를 깨달으며 자부심을 느끼기 시작했습니다. 특별히 한 장로님의 기도가 기억에 남습니다. '주님, 우리 교회는 대형 교회도 아니고 급성장하는 교회도 아니지만, 조금씩 초대교회를 닮아 가게 해주시니 참으로 감사드립니다.'"(조주희 목사_성암교회)

"교회는 영혼 구원, 사회 변화를 위한 소셜 서비스나 (의식)운동을 함께 감당해야 합니다. 우리 크리스천들이 사회 변화나 변혁에 대해 어떻게 하면 가장 복음적으로 참여할 수 있는지, 역사의식에 대해 눈을 뜨는 것이 필요합니다. 하지만 이러한 일이 가능하기 위해서 가장 중요한 것이 있어요. 바로 각자 내면에 있는 상처가 회복되어야 한다는 점입니다. 상처는 회복되는 것으로 끝나선 안 되고 나아가 성장해야 합니다. 성장이란 단순히 커지는 것만이 아니라 전반적이고 통전적인, 내적으로 균형 잡힌 성장을 의미합니다. 그렇게 우리가 성장하면 후대에 좋은 영향을 물려줄 수 있겠지요. 그런 아름다운 유산을 남기는 교회를 세워야겠다는 생각을 하게 됐습니다. 이 비전은 과거 다양한 곳에서 만나게 된 좋은 분들의 영향 덕분에 세울 수 있었습니다." (김형준 목사_동안교회)

▶ 진정한 사랑에 토대를 둔 섬김은 준비하는 사람들 간에 더 풍성한 사랑을 나누게 한다. 그리고 영적으로 성숙해지도록 한다.

"교회를 개척하고 나서 기성교회 부교역자 스타일로 목회를 시도하자 교인들이 따르지 않았습니다. '목사님 혼자 하시라'는 분위기였어요. 그래서 이전의 목회 스타일을 모두 내려놓고 교우들과 함께 계곡에 가서 교제하는 일에 힘을 쏟았어요. 성도들과 함께 고민했습니다. '하나님이 원하시는 교회는 어떤 교회인가?' '이 지역은 어떤 교회를 원하는가?' 그렇게 브레인스토밍(brainstorming)을 하면서 의견을 나누는데 가슴이 뜨거워지기 시작했습니다. 그리고 두 가지 목표를 세웠어요. 그것은 '청소년에게 꿈을 심어 주자'와 '지역의 문화생활을 책임지자'입니다." (김호권 목사_동부광성교회)

▶ 사랑과 섬김의 과정에서 독단은 금물이다. 먼저 교회가 하나되고 이어서 지역 사회를 향해 나갈 수 있어야 한다.

5) '복음'이 지역 사회 섬김의 최종 목적이다

지역 사회를 향한 봉사는 사랑을 전하기 위한 순수한 목적으로 행해져야 한다. 그런데 사랑을 전하는 최종 목적도 간과해서는 안 된다. 그것은 바로 복음이다. 사랑을 전하는데, 정작 이 사랑이 무슨 사랑인지 모를 수 있다. (물론 경우에 따라서는 받은 사랑에 감동받아, 스스로 확인해 보다가 교회로 걸음하는 경우도 있다. 하지만 흔한 경우는 아니다). 사랑을 전하되, 적어도 우리가 이렇게 사랑을 베푸는 이유가 예수님에게서 비롯된 것임을 전해야 한다. 그들에게 줄 수 있는 최고의 선물은 그 어떤 것도 아닌 복음이기 때문이다.

"예수님이 제자들에게 말씀하시기를, '만민에게 복음을 전파하라'고 하셨습니다. 그래서 예전에는 무작정 사람들에게 가서 전도지를 나눠 주고 결신하게 했습니다. 하지만 지금은 세상이 달라졌습니다. 그렇게 전도하다가는 오히려 예수님의 이름이 욕만 먹게 됩니다. 그렇기에 불신자들을 교회에 오게 해서 한 번이라도 복음을 듣게 하려면, 그들이 좋아하는 문화를 접촉점으로 삼아야 합니다. 우리 교회는 초창기부터 그런 문화적 접촉점을 많이 만들어 왔습니다. 길거리 농구대회를 열어서 젊은이들에게 교회를 알렸고, 레포츠센터를 만들어서 지역 주민들에게 건강을 드리고 있습니다. 평생교육원을 만들어 문화적 혜택을 드리고 있고, '굿프렌드'라는 복지재단을 만들어서 어려운 이웃을 돕고 있습니다. 최근에는 실버학교도 만들었습니다. 이런 문화 사역을 통해 많은 분이 교회에 등록하여 복음을 듣고 예수님을 영접하였습니다. 심지어 한 스님은 저희 레포츠 센터에서 운동하면서, 스피커에서 나오는 찬양을 흥얼거리셨습니다. 비록 교회 등록까지 한 것은 아니지만, 복음에 마음을 여시기는 했습니다."(김학중 목사_안산 꿈의교회)

▶ 다양한 문화적 접촉점을 활용하여 복음을 전하는 통로를 마련하는 사례들이 있다. 그러나 그 모든 일의 최종 목표는 복음이다.

"복음이 어떤 문화의 옷을 입느냐에 따라 복음의 격과 질, 호감도가 달라집니다. 제가 어릴 적에 교회는 그 지역의 문화센터로서 당시의 문화를 이끌었습니다. 그런데 언제부터인가 교회 문화가 세상 문화에 오염되고 변질되는 것이 안타깝습니다. 그래서 2008년에 기독 문화를 살리자는 목적으로 '아트원'(Art One)을 시작했습니다. 아트원은 '기독교 예술은 오직 한 분, 하나님을 지향한다. 그리고 최고를 지향한다'는 의미입니다…. 문화선교는 이슬비에 옷 젖듯이 그렇게 이루어지는 것입니다. 서두르지 말고 꾸준히 즐겨야 하는 사역입니다. 저는 십자가 정신에 근거한 십자가 문화를 창출하는 아트원이 되기를 꿈꾸고 있습니다."(김석년 목사_서초교회)

▶ 교회는 지역 사회 안에서 문화를 바꾸는 역할을 담당해야 한다. 전도를 통해 복음을 전하는 것만이 아니라, 문화 안에서 복음이 증거될 수 있게 해야 한다.

지역 사회를 향한 교회의 역할에서 핵심이 될 만한 내용은 결국 두 가지로 압축된다. 첫째는 지역 사회를 향한 헌신이 선택 사항이 아니라는 것이다. 특정 교회에만 주어진 비전도 아니다. 분명 지역 사회를 향한 섬김은 교회의 존재 이유이며 날이 갈수록 더 다양하게 실천되어야 할 영역이다.

둘째는 지역 사회를 향한 모든 활동에서 순수함을 회복해야 한다. 지역 사회를 향한 헌신은 자칫 우리 교회의 교세를 확장하려는 의도로 비칠 수 있기 때문에 더욱 조심해야 한다. 물론 사람들의 시선을 신경 쓰는 것이 중요한 것은 아니지만, 때로는 목회자 자신도 그런 의도로 봉사할 수 있기 때문에 경각심을 가져야 한다. 더불어 교인 수가 늘어나는 것, 우리 교회가 성장하는 것과 별개로 섬겨야 한다. 분명히 기억하자. 우리 교회는 하나님이 알아서 키워 주시고 발전시켜 주신다.

이 두 가지만 명심해도 교회는 지역 사회에 한 발자국 더 가까이 다가가게 될 것이다. 동시에 영적으로도 성숙해질 것이다.

기억하면 좋을 한마디(인터뷰에서 발췌)

지역 사회를 향한 절대적 사명	"'선교적 교회'의 개념은 교회가 지역 사회를 위해 어떤 자세로 나아가고 있는지를 돌아보는 기회를 갖게 해주었고 지역 주민의 불편을 돌보는 구체적이고 실천적인 행동을 취하게 만들었습니다."	이전호 목사 (충신교회)
	"선교적 교회는 목회자 개인에게 집중된 선교가 아닙니다. 목회자나 성도들 모두 선교사가 되는 것입니다. 하나님이 우리를 부르신 곳, 그곳이 바로 선교지입니다."	김정민 목사 (금란교회)
	"물질을 쌓아 놓기만 하고 사용하지 않으면 내분이 일어나게 마련입니다. 그러나 선교하면 결코 내분이 일어나지 않습니다."	박문수 목사 (디딤돌교회)
지역 사회를 향한 사명의 공유	"이제 지역 사회가 이러한 교회의 절기와 기념일을 기다려요. 이를 통해 간접적으로 전도도 하고, 그분들의 삶에 다가가니 우리 교인들은 굉장히 보람을 느끼고 있어요."	동안교회 (김형준 목사)
	"'전도하는 교회'보다 '전도가 될 만한 교회'로의 전환이 필요하다고 생각합니다. 우리가 마을을 교회의 전체 교구라고 생각하며 품고 나가는 것이 중요한 것 같아요."	박봉수 목사 (상도중앙교회)
	"우리 교회의 주보는 이웃을 행복하게 하기 위해 지역 상점들을 홍보합니다. 8면 중에 1면을 할애하여 그들의 사업장을 소개하고 인터뷰 내용을 실어 줍니다."	조성민 목사 (상도제일교회)
그 자체가 사랑인 지역선교	"한국 사회에 노출된 아픔과 현상을 함께 호흡하는 토대가 교회에 만들어지면서 교인들이 더욱 성숙해지고 있습니다."	조주희 목사 (성암교회)
	"영혼 구원, 사회 변화를 위해 각자 내면에 있는 상처가 회복되어야 하고 이어서 성장을 해 나가야 합니다. 그러면 교회가 진정으로 아름다운 유산을 남기게 됩니다."	김형준 목사 (동안교회)

그 자체가 사랑인 지역선교	"'하나님이 원하시는 교회는 어떤 교회인가?' '이 지역은 어떤 교회를 원하는가?'를 생각하면서 성도들과 연합을 이루어 나갈 수 있었습니다."	김호권 목사 (동부광성교회)
지역 섬김의 최종 목적은 복음	"무작정 전도지를 나눠 주는 것이 아니라, 불신자들을 교회에 오게 해서 한 번이라도 복음을 듣게 하려는 노력을 합니다. 이를 위해 문화적인 접촉점을 제시합니다."	김학중 목사 (안산 꿈의교회)
	"복음이 어떤 문화의 옷을 입느냐에 따라 복음의 격과 질, 호감도가 달라집니다. 저는 신자가 정신에 근거한 십자가 문화를 창출하는 문화선교를 꿈꾸고 있습니다."	김석년 목사 (서초교회)

3.

교회 성장 요인의 세 번째 요소,
'삶'에 대하여

"한국 교회의 초기 도덕성"이란 논문에 나온 이야기다. 1920년에 일어난 살인사건 조서에는 이런 내용이 등장한다. 당시 물증이 없이 심증만으로 누군가가 살인사건의 용의자로 재판을 받게 되었다. 그런데 일본인 판사는 물증이 없었음에도 어느 여인의 증언 한마디만 믿고 그에게 유죄를 선고했고, 사형을 언도했다. 한국인도 아닌 일본인 판사가 한국인 여성의 말 한마디를 전적으로 신뢰한 이유는 무엇일까? 이유는 하나다. 그녀가 야소교(당시 기독교를 지칭하던 말) 신자였기 때문이다. 판사는 그 여인이 야소교인이기 때문에 거짓말할 리가 없다고 했다. 그냥 그 하나로 판사는 한국인 여성의 말을 그대로 믿었다.[4]

그땐 그게 가능했다. 기독교인이라는 이유만으로도 정직한 사람이라고 여겨지던 시대, 그런 시대가 우리 역사에도 잠시나마 있었다.

---

4) 김도인, 《설교는 인문학이다》(서울: 두란노, 2018)

삶이 문제다

1) 먼저 '삶'의 문제부터

◇ 복음 전파의 걸림돌, 한국 교회를 향한 부정적인 시선

한국목회자협의회에서 실시한 조사의 결과를 소개해 보고자 한다. 이 조사에 따르면, 비종교인이 생각하는 종교별 신뢰도는 천주교가 26.2%로 가장 높게 나타났고, 불교가 23.5%로 그 뒤를 이었으며 기독교는 18.9%에 그쳤다.[5]

그렇다면 기독교에 대한 신뢰도가 낮은 이유는 무엇일까? 그에 대한 이유로는 '이단이 많아서'가 10.7%, '이기주의' 10.5%, '목사 언행 불일치' 9.4%, '헌금 강요' 9.1%. '목회자 사리사욕' 6.6%인 것으로 나타났다. 신뢰도가 낮은 이유에 목회자의 삶과 관련된 요소가 큰 비중을 차지하고 있다. 그밖에도 목회자에 대한 평가를 묻는 질문에서 부정적인 의견이 높게 나타났다. 가령, 지도자가 우수하다는 평가는 25.4%에 불과했고, 목회자의 행동과 말에 믿음이 간다는 것 역시 23.6%에 그쳤다.

아울러 해당 보도는 기독교인들은 같은 질문에 대해 긍정적인 평가를 주로 했다고 보도하고 있다. 이에 대해 감신대 이원규 교수는 비종교인과 기독교인들의 평가가 상반된 것이 오히려 문제가 될 수 있음을 지적했다. 이는 곧 한국 교회의 문제가 무엇인지를 인식하지 못하고 있다는 것이기 때문이다. 이는 또

5) 2013년 4월 CBS뉴스

한 우리가 교회의 문제를 더 돌아보아야 한다는 사실을 시사한다. 한편, 이 책에서 제시한 교회 성장 요인에서도 삶이 중요한 부분을 차지했는데 이 역시 위의 보도와 맥락을 같이한다고 할 수 있다.

물론 누군가는 그런 시선은 중요하지 않다고 말할지도 모른다. 그러나 이것은 의의 핍박을 받는 것이 아니다. 분명히 반성하고 그 이유에 대해 심각하게 고민해야 한다. 무엇보다 이런 부정적인 인식이 복음 전파에 걸림돌이 되기 때문에 더 중요하게 짚고 넘어가야만 한다.

더 나아가 현재 교회는 사회로부터 많은 공격을 받고 있다. 코로나19의 주 감염지라는 오명을 쉽게 벗기 어려운 상황에 놓여 있다. 이때 억울함만을 호소할 것이 아니라, 삶을 통해 그들의 마음을 돌려놓아야 한다. 하나님이 기뻐하시는 삶을 통해 세상에 덕을 끼치고 그리스도인은 믿을 만하다는 인식을 만들어 갈 때, 그들은 교회를 달리 보게 된다. 그들을 사로잡던 선입견과 편견도 점차 사라지게 된다.

◇ 목회자의 삶이 중요하다

조사 결과에서도 알 수 있듯이, 목회자에 대한 인식이 기독교에 대한 인식에 중요한 영향을 미치고 있다. 더욱이 목회자들에 대한 부정적인 기사와 사건이 많아지면서 목회자의 윤리 문제는 더 중요하게 다뤄져야 한다. 물론 누군가는 언론의 편파적인 보도 때문에 목회자들이나 교회가 피해를 본다고 말하기도 한다. 틀린 말은 아니지만 맞는 말도 아니다. 과장된 보도, 편파적인 보도라 할지라도, 문제가 조금이라도 있다면 회개하고 돌이켜야 하는 것이다.

특히 목회자가 더 조심하고 더 많은 노력을 해야 하는 이유는 리더, 곧 지도자이기 때문이다. 양들을 이끄는 목자이기에 더 조심해야 하는 것이다. 목회자의 삶이 온전해야 성도의 삶도 온전해진다. 목회자가 허용하는 것들을 성도도 허용하게 되고 목회자가 철저하게 근절하는 것들은 성도도 근절해 나가게 된다.

2) 기본이 흔들리면 모든 것이 흔들린다

◇ 기본만이라도 지키자는 마음으로

한국 교회의 회복을 위해 많은 연구와 고민이 이어지고 있다. 세미나, 프로그램 등도 다양하게 이루어지고 있다. 그런데 지금 이 상황에서는 무엇인가를 '더'하기 위해 노력할 필요가 없다. '기본'적인 것만 해도 회복을 향해 나아갈 수 있다. 그리고 그 기본 중 하나가 '삶'이다. 세상 사람들에게 큰 영향력을 끼치기 위해 무엇인가를 더할 필요도 없고 하나님의 이름을 높이겠다며 그들보다 더 성공적인 모습을 보이려고 애쓸 필요도 없다.

물론 그런 노력도 가치가 있는 것이지만, 가장 중요한 것은 '삶'의 회복이다. 무엇인가를 더 할 필요 없이 정직하고 바르게 살아가는 것, 그것만으로도 한국 교회의 회복은 가능해진다.

기본적인 도덕과 윤리만 잘 지켜도 우리는 이 세상에서 빛과 소금이 될 수 있다. 문명은 발전하지만 도덕성은 퇴락하는 이 시대에, 기본만 잘 지켜도 그리스도인으로서 빛이 날 수 있다.

특히 교회를 이끌어 가는 목회자라면 말할 것도 없다. 목회자가 이전처럼 기본만 지켜도 세상은 교회를 달리 보게 될 것이다. 복음을 향해 한 걸음 더 가까이 나오게 될 것이다.

◇ 기본은 말 그대로 '최소한'의 것

기본만이라도 잘하자는 것이 쉽다고 생각하는가? 그러나 기본은 말 그대로 기본이기 때문에, 그 기본이 결여되면 문제가 심각해진다. 의식주라는 기본이 결여되면 삶이 위협을 받듯이, 기본은 결여되면 플러스(+)에서 원점으로 오는 것이 아니라, 원점에서 마이너스(-)로 나아가게 된다. 이로 인해 나타나는 결과는 우리에게 주어진 영적 책임과도 직결된다. 기본적인 책임조차 감당하지 못했을 때 받을 책망과 심판은 이루 말할 수 없을 만큼 심각하다. 하나님의 구원의 은혜를 먼저 받은 우리가 그런 영적 책임을 도외시해서는 안 된다.

특히 목회자라면 이 책임을 더욱 외면해서는 안 된다. 누구보다 철저하게 바르고 정직한 삶을 지켜 나가야 한다. 기본조차 충족되지 못하는 한 한국 교회의 회복은 여전히 난제로 남을 것이다.

'삶'이 세 번째 요소로 제시되기는 했지만, 사실상 이것이 흔들려 버리면 첫 번째, 두 번째로 제시된 것들도 함께 흔들린다. 너무나 은혜롭고 가슴을 울리는 설교가 강단에서 전해지고 사람들을 감동시킬 만한 지역 사회 봉사를 이어 간다고 해보자. 그런데 만약 해당 목회자의 도덕성에 문제가 드러난다면 어떨까? 모든 것이 무너지는 일은 시간문제다. 그만큼 이에 대한 경각심을 놓치지 말아야 한다.

성장하는 건강한 교회의 '삶', 어떻게 다른가?

교회의 회복과 성장을 위해서는 성도들이 바르고 정직한 삶을 사는 것이 중요하다. 하지만 앞에서도 강조했듯이, 목회자의 삶은 더 중요하다. 따라서 여기서는 목회자의 삶에 대해 중점적으로 다룰 것이다. 즉 설교, 지역 사회, 삶이라는 세 가지 요소 중 설교와 삶은 목회자의 노력을 전반적으로 다룬다고 볼 수 있다. 동시에 지역 사회는 목회자와 성도 전체의 노력을 다루고 있다고 볼 수 있다.

1) 하나님 앞에 먼저 정직하면 된다

온전한 삶을 살기 위해 필요한 전제는 하나님과의 관계다. 아무리 온전해지고자 해도 우리에게는 한계가 있다. 따라서 하나님과의 관계를 회복하고 하나님 앞에 먼저 진실해야 한다.

이를 위해서는 꾸준한 경건 생활이 필요하며 영성을 강화해야 한다. 무엇보다 목회 연차가 늘어난다고 해서 이 노력에 대한 비중이 줄어서는 안 된다. 앞서 설교 준비를 위해 말씀을 붙드는 노력이 목회 연차와 별개로 꾸준히 강조되어야 한다고 설명했다. 마찬가지로 목회자로서 경건 생활과 영성을 강화하기 위한 노력 역시 지속적으로 강조되어야 한다.

"바쁘면 하나님 앞에 경건 생활하는 시간이 없어지고, 영적 건강에 문제가 생깁니다. 자연스럽게 교회 공동체에 문제가 생기죠. 양 떼를 돌보지 않고 돌아다니니까 설교에 문제가 생기는 겁니다. 우는 자와 함께 울고 웃는 자와 함께 웃는 설교를 해야 하는데, 심방하지 않고 만나지 않으면 그들의 마음을 헤아리는 설교를 할 수 없는 거죠. 목사가 외부 사역한다고 돌아다니면 성도들이 '우리 목사님은 우리는 돌보지 않고 밤낮 돌아다닌다'고 섭섭해합니다. 오늘날 한국 교회의 큰 문제 중 하나가 소수의 지도자에게 지나치게 의지한다는 점입니다. 소수의 지도자는 많은 모임에 끌려다니게 됩니다. 모여서 회의하고 밥 먹는 시간이 너무 많다 보니, 기도하는 시간과 하나님과 대면하는 시간이 없어요. 그러면 경건의 모양은 있으나 경건의 능력이 나타나지 않게 됩니다." (김인중 원로목사_안산동산교회)

"기본적으로 목회자는 행정가가 되지 말고, 영성가가 되어야 합니다. 목회자는 정치꾼이 되지 말고 기도꾼이 되어야 하고, 야망을 좇지 말고 정도를 걸어야 합니다. 저는 성공하는 목회자보다는 올바른 목회자가 되기를 희망해요. 목회자는 그 시대 양심의 표준이고 그에게 이야기를 들으며 길을 찾는 구도자들에게 멘토가 되어야 합니다. 저를 포함해서 오늘날의 목회자 중에 그런 사람이 얼마나 있는지 생각해 볼 필요가 있습니다." (이윤재 목사_한신교회)

▶ 모든 것의 기본은 하나님과의 관계다. 하나님 앞에 진실함으로 나아가고 하나님의 뜻을 구하는 목회자라면 바른 영성을 갖게 되는 것은 물론 그 삶도 온전함을 향해 나아갈 수밖에 없다.

2) 투명하면 된다

부흥하는 한 교회의 이야기다. 그 교회는 새가족이 출석하여 예배를 드리고 그 안에서 큰 은혜를 받는다고 해도 바로 등록을 하지 않는다고 한다. 심지어 십일조까지 해도 등록을 하지 않는다. 재정을 투명하게 활용하는지, 목사님의 인격이 어떠한지, 설교와 삶이 일치하고 사명 앞에서 거룩한 몸부림을 하는지 등을 6개월에서 1년 정도 관찰한 뒤에 등록을 한다.

누군가는 목회자를 그런 식으로 판단해도 되냐고 반문할지 모르겠다. 그러나 적어도 건강한 교회에서 신앙생활을 하고 싶어 하는 성도들의 마음도 받아들여야 한다고 생각한다. 이제 목회자라면 무조건 신뢰하는 시대가 아니다. 그런 만큼 목회자들은 성도들 앞에서 '투명해야 할 영역은 투명하게 보여 줄' 필요가 있다.

"제가 목회한 지가 벌써 30년이 넘었는데 깨달은 것 중에 하나가 목사만 목사다우면 교회는 건강하게 성장하게 되어 있다는 것입니다. 교회에 문제가 생겼을 때, 목자와 양 중에 누가 더 문제일까요? 교회에 나오면서 처음부터 '목자를 들이받아야지'라고 생각하는 양은 없습니다. 그런데 목자가 잘못하니까 처음에는 삐쳤다가 나중에는 결국 목자를 들이받는 것입니다. 목사가 목사답기 위해서는 하나님 앞에서 정직해야 합니다. 특히 재정적인 면에서 깨끗하고 투명해야 합니다. 목사가 하나님 앞에 바로 서면 설득하지 못할 교인은 없습니다. 그리고 일대일로 만나서 대화하면 교인들은 목회자를 이해하고 따라옵니다. 그래서 저는 제가 밥을 사면서 교인들과 대화하는 시간을 자주 갖습니다. 이렇게 목회자가 교인과 소통하면서 재정적으로 투명하면 교인들은 목회자를 존경하고 따르고 사랑합니다. 그러면 자연스럽게 목회자에게 리더십이 생기고, 건강한 교회 성장과 더불어 행복한 목회를 할 수 있습니다."(이상대 목사_서광성결교회)

"저는 성도들을 대할 때 한 가지 원칙을 가지고 있습니다. '목회자는 앞뒤만 같으면 된다.' 목회자만큼 가식적으로 변하기 쉬운 직무는 없는 것 같아요. 성도들 앞에서 가식 없는 목회자로 살아가기란 쉽지 않은 일입니다. 하지만 교인들 앞에서 항상 솔직하게 인정할 것은 인정해야 합니다. 목회자도 사람이기 때문에 항상 완벽할 수는 없어요. 저희 교회 성도가 1500명인데 그들 한 명 한 명을 다 맞춰 주는 것은 불가능합니다. 그래서 저는 성도님들과 의견을 나누다가도 '아닌 것은 아니다'라고 분명하게 말합니다.

사안에 따라서 맞고 아닌 것을 분명하게 말하는 것이 좋아요. 그러면 성도들도 받아들이기가 쉽습니다. 앞뒤가 같다는 것은 목회에서 굉장히 중요한 문제라고 생각해요. 있는 그대로 내어 보이는 것, '이것은 좋아한다, 이것은 싫어한다'는 것을 솔직하게 드러내야 상대방이 헷갈리지 않습니다. 만약 그러지 않고 여러 가지 방법으로

숨기거나 둘러대면 그때부터 점점 더 가식적으로 변해 갑니다. 문제는 목회만 그렇게 되는 것이 아니라 성도들도 모두 가식적으로 변한다는 겁니다. 목회자가 가식을 벗어 내면 성도들을 대할 때 어색하지 않고 편안합니다. 목회자의 앞뒤가 같으면 성도들도 앞뒤가 같아집니다." (장창수 목사_대명교회)

▶ 투명성과 관련하여 가장 중요한 부분은 재정일 수밖에 없다. 그 안에서 목회자의 정직함, 하나님 앞에서의 바른 태도 등이 드러나기 때문이다. 더불어 인격적인 측면에 있어서는 앞뒤가 같은 모습을 보여 주는 것이 신뢰를 쌓아 가는 중요한 방법이다.

3) 성도는 품어야 한다

목회자는 목자이고 성도들은 양이다. 목회자는 목자로서 전적으로 양을 사랑해야 한다. 가르칠 때는 분명한 길을 제시해 주어야 하지만, 인격적인 관계에 있어서는 양보하고 희생하는 것이 필요하다.

특히 아직 성숙하지 못한 성도들이라면 더 따뜻하게 품어 주어야 한다. 혹여 억울한 일이 있더라도 하나님은 다 아신다는 마음으로 나아가야 한다. 성도들을 사랑으로 품는 만큼 하나님이 목회에 더 큰 은혜를 부어 주시고 되갚아 주신다.

"모든 성도에게 똑같이 복을 빌어 줘도, 예수님 말씀처럼 그 사람이 복을 받을 그릇이 되지 못하면 내 그릇으로 그 복이 돌아옵니다. 목사는 먼저 큰 그릇을 갖추고 모든 성도를 향해 축복하는 말, 사랑의 말을 하면 됩니다. 그것이 목사의 사명입니다. 그리고 윤리적인 면에서 흠이 없어야 합니다. 인간적으로 완벽할 수는 없지만, 하나님 앞에서 거룩하기 위해 애쓰는 모습을 자연스럽게 보여야 하죠. 그것이 갖춰진 상태에서 부목사님들을 인격적으로 존중해 주고 그들의 사역을 격려해 줄 때 서로 신뢰가 생기며 존경받는 것입니다."

(이철신 원로목사_영락교회)

"故 임택진 목사님께 성도들과 의견이 충돌할 때 어떻게 해야 하나는 고민을 상담한 적이 있습니다. 그때 목사님이 이렇게 말씀하셨습니다. '자식이 네 말을 안 들어도 버리겠나? 더 관심을 가지고 보살펴 주고 사랑해 줘야지. 속을 썩이든 아니든 내 자식인데 어떻게 하겠어?' 성도가 교회 좀 옮겼으면 좋겠다고 생각하면 진짜 목사가 아닌 거죠. 하나님이 내게 맡겨 주신 양이기 때문에 말썽을 피워도 내 양이고, 말 안 들어도 내 양이에요. 속상하면 내가 더 기도해야죠. 하나님이 보실 때는 저도 그 사람과 같습니다. 같은 죄인입니다. 하나님이 이런 나도 사랑하고 품으셨으니 저도 그분을 사랑하고 품어야 해요. 결국은 내가 하나님 앞에 바로 서야 합니다. 인간적인 감정이 앞서면 밉죠. 품을 수가 없어요. 그러나 기도하다 보면 내 그릇이 점점 커집니다. 마음의 그릇은 기도의 양에 따라 커졌다가 작아졌다가 합니다. 기도를 쉬지 않아야 모든 이들을 품을 수 있는 큰 그릇이 유지됩니다. 그때 사랑과 인내, 긍휼히 여기는 마음이 함께 생기죠. 인간의 노력만으로는 불가능합니다." (이철신 원로목사_영락교회)

▶ 목사도 인간이지만 주의 종이기 때문에 분명히 달라야 한다. 감정을 관리하는 방법부터가 다른 사람들과 같아서는 안 된

다. 물론 그 안에서 갖게 되는 상처와 아픔은 하나님이 다 품어 주시고 치유해 주신다.

4) 성도와 적극적으로 소통해야 한다

진정한 사랑은 정성으로 나타나게 마련이다. 마음만 있으면 된다고 생각하는 것은 핑계에 불과하다. 목회자 역시 성도들을 진정으로 사랑한다면, 그만큼 많은 관심을 갖게 되고 소통하려는 노력을 하게 된다. '담당 교역자가 알아서 하겠지, 담당 구역장이나 교구장, 담당 교사가 알아서 하겠지,' 이런 식으로 생각하지 않는다. 한 명이라도 더 챙기고 싶고 힘든 점은 없는지 돌아보게 된다.

성도들은 그런 목회자들의 진심을 알게 됐을 때 그에게서 하나님의 사랑을 간접적으로 느끼게 된다. 성도가 교회를 사랑하는 것도 결국은 그런 과정에서 비롯되는 것이다.

더불어 목회자는 성도들에 대해 적극적인 관심을 가질 때 성도들의 삶의 자리를 이해하게 되고 그들의 마음을 회복시킬 메시지를 전하게 된다. 이것은 선순환되어 성도들을 다시금 일으키고 성장하게 만든다.

"저는 인위적으로 급격한 변화보다 먼저 공감대를 형성하는 것이 필요하다고 생각했습니다. 그래서 시스템과 조직을 바로 개편하지 않았어요. 심방을 하면서 교회 분위기가 만만하지 않음을 직시한 후 당회가 계획해 놓은 교회 플랜을 수정하지 않고 그대로 운영했습니다…. 건축 이후 드림교회는 5대 비전과 함께 건강하게 성장하였는데, 이 모든 과정에서 가장 중요한 것은 바로 '신뢰'였습니다…. 대한민국에서 가장 보수적인 교회라고 할 만큼 철저한 원칙들을 가지고 있던 교회였지만 목회자와 성도가 서로 신뢰하자 변화가 일어나기 시작했습니다. 제도나 카리스마로 교회를 이끌어 가려고 하면 여러 가지 무리가 따르지만, 서로가 비전에 공감하고 미션을 세우면서 함께 수행해 나가면 모두가 한마음으로 나아갈 수 있습니다. 저희 교회 표어는 항상 동일합니다." (임만호 목사_드림교회)

"목회의 비전과 플랜은 한 가지입니다. 우리 교회가 점점 더 예수님을 닮은 사람들로 가득 차는 것입니다. 예수님의 사람이 되고, 예수님의 제자가 되는 것이 제일 중요한 포인트죠. 예수님의 제자가된다는 건 너무 당연하고 원론적인 이야기이지만 원론은 강조해도 지나침이 없습니다. 한병철의 『피로사회』를 보면 현대의 가장 큰 병은 '신경성 질병'이라고 합니다. 그래서 위로 사역의 중요성을 많이 느끼고 있습니다. 그런데 현실적으로 성도들이 교회에 오면 몇 시간씩 봉사를 합니다. 그러면 '아, 저 사람은 믿음이 좋은가 보다' 하고 생각하죠. 실은 성도들이 속으로 병든 걸 모르는 거예요. 오히려 교회 일을 많이 할수록 치료받아야 할 사람이 많습니다. 그래서 교회는 '어떻게 하면 우리가 그들을 위로하고, 무거운 짐을 내려놓고 편하게 쉬게 할까. 어떻게 하면 교회에 왔을 때 행복하게 할 수 있을까' 그런 것을 고민하고 있습니다. 기본적으로 모든 세대가 예수님의 사람으로 생활하는 것이 가장 중요하지 않을까 생각합니다." (이윤재 목사_한신교회)

▶ 성도들의 삶의 자리에 한 발짝 더 다가갈수록 성도들을 사랑하는 방법을 더 많이 깨닫게 된다. 그리고 하나님은 그 가운데서 목회의 지혜를 부어 주신다.

4) 성령을 의지하는 겸손이 목회자의 능력이다

하나님 앞에 온전하고자 몸부림쳤던 다윗도 범죄할 만큼, 죄 없이 산다는 것은 불가능하다. 목회자도 마찬가지다. 노력을 한다지만 세상적인 유혹에 휩쓸리기 쉽고 인간의 나약함으로 인해 쓰러지기 쉽다.

그만큼 삶의 부분에 있어 최선을 다하되, '내가 열심히 하면 완벽한 목사가 될 수 있다'는 교만은 버려야 한다. 노력은 노력대로 하되, 하나님의 은혜가 임해야만이 온전함으로 나아갈 수 있음을 고백해야 하는 것이다.

그렇게 겸손함이 더해지고 성령을 의지하는 모습이 더해질 때 비로소 목회자의 삶은 더욱 정직해지고 진실해질 수 있다. 더불어 한계에 부딪힐 때마다 돌파구를 열어 주시는 하나님을 만나게 된다.

"아무리 신학 공부를 열심히 하고, 박사학위를 수십 개 가지고 있어도 마음대로 안 돼요. 영적인 일은 하면 할수록 내가 하는 일이 아닌 걸 느끼게 됩니다. 인간의 힘으로 하면 1, 2년 만에 그만둘 수밖에 없어요. 어느 순간 눈앞이 깜깜해집니다. 배운 거 다 써먹고, 힘을 다 쏟으니까 진이 다 빠져서 더 이상 못하겠다는 생각이 드는 거죠.

제가 그걸 처음 느낀 건 40대 초반이었어요. 20년 동안 문제를 안고 살아가던 부부가 저를 찾아왔습니다. 그분들과 한 달가량 상담했습니다. 저도 상담을 공부했기 때문에 해결할 수 있다는 생각에 시작한 것이죠. 부부는 20년 동안 쌓인 짐을 저에게 다 가지고 왔습니다. 그렇게 한 달 뒤, 어떻게 되었을까요? 문제가 해결되었을까요? 문제 해결은커녕 제가 열병이 나서 드러누웠습니다. 그분들은 케케묵은 고민을 저한테 다 털어놓고 기도 받은 후 평안하게 집에 돌아가셨습니다. 반면, 저는 그 모든 짐을 안고 집으로 가야 했죠. 그때 처음으로 '아, 내가 할 수 없는 것도 있구나'라고 느꼈어요. 그전까지는 '내게 능력 주시는 자 안에서 내가 모든 것을 할 수 있느니라'라는 말씀에서 '내게 능력 주시는 자 안에서'는 쏙 빼고 내가 모든 걸 하는 것처럼 생각했어요. 그러다가 벽에 부딪힌 거예요. 그래서 버지니아에 있는 상담 전문 기관에 도움을 요청하여 부부를 연결시켜 드렸습니다. 그곳에서 두 달 만에 해결 받으셨어요. 그때 깨달았습니다. '욕심 내면 안 되는구나. 내가 가진 은사만 써야 하는구나.' 내게 없는 은사를 쓰려고 하다가는 문제가 생깁니다. 내게 없는 은사를 요하는 일인 경우에는 도움을 받아야 합니다. 물론 하나님께 지혜를 구하는 것이 가장 좋지만, 내 한계를 인정해야 하는 경우라면 은사 있는 자에게 믿고 맡기십시오. 하나님은 합력하여 선을 이루십니다." (김상복 원로목사_할렐루야교회)

▶ 아무리 노력해도 안 되는 일이 있을 때가 목회자에게는 새로운 기회가 될 수 있다. 그때 성령님을 의지하면 그 단계를 뛰어넘고 새롭게 도약할 기회를 주신다. 그러므로 더욱 엎드리고

겸손함으로 나아가야 한다. 하나님은 분명 겸손한 자를 종으로 쓰고 싶어 하신다.

삶의 문제는 목회자에게 가장 큰 부담이 되는 요소다. 아무리 기본이라고 하지만 그 기본이 너무나 어렵고 버겁다. 특히 자신의 인격을 관리하는 것은 물론 성도 개개인에게 깊은 관심을 가져 주고 그들이 시험에 빠지지 않도록 하는 일은 부담이 되지 않을 수 없다. 그러나 양들을 향한 진정한 사랑이 있다면 이 부분은 보다 쉽게 감당할 수 있게 될 것이다.

무엇보다 이 부분은 성령님이 전적으로 주관하신다. 성령님은 성도를 사랑하는 마음으로 자신의 인격을 돌아보고 끊임없이 성찰하는 목회자를 도우신다. 하나님이 제시하신 길을 추구하는 자들인 만큼 반드시 놀라운 기회를 열어 주시는 것이다.

이제 목회자들의 인터뷰를 통해 파악된 세 가지 공통 원리를 되새겨 보자.

기억하면 좋을 한마디(인터뷰에서 발췌)

하나님 앞에서의 정직	"바쁘면 하나님 앞에 경건 생활하는 시간이 없어지고, 영적 건강에 문제가 생깁니다. 자연스럽게 교회 공동체에 문제가 생기죠. 양 떼를 돌보지 않고 돌아다니니까 설교에 문제가 생기는 겁니다."	김인중 원로목사 (안산동산교회)
	"기본적으로 목회자는 행정가가 되지 말고, 영성가가 되어야 합니다. 목회자는 정치꾼이 되지 말고 기도꾼이 되어야 하고, 야망을 좇지 말고 정도를 걸어야 합니다.	이윤재 목사 (한신교회)
성도들 앞에서의 투명성	"목사가 하나님 앞에 바로 서면 설득하지 못할 교인은 없습니다. 또한 목회자가 교인과 소통하면서 재정적으로 투명하면 교인들은 목회자를 존경하고 따르고 사랑하게 됩니다."	이상대 목사 (서광성결교회)
성도들 앞에서의 투명성	"목사의 앞뒤가 같으면 성도들도 앞뒤가 같아집니다. 또한 교인들 앞에서 항상 솔직하게 인정할 것은 인정해야 합니다."	장창수 목사 (대명교회)
성도들에 대한 전적인 양보	"목사는 먼저 큰 그릇을 갖추고 모든 성도를 향해 축복하는 말, 사랑의 말을 해야 합니다. 또한 인간적으로 완벽할 수는 없지만, 하나님 앞에서 거룩하기 위해 애쓰는 모습을 가져야 합니다." "마음의 그릇은 기도의 양에 따라 커졌다가 작아졌다가 합니다. 기도를 쉬지 않아야 모든 이들을 품을 수 있는 큰 그릇이 유지됩니다."	이철신 원로목사 (영락교회)
성도들과의 소통 그리고 관심	"목회자와 성도가 서로 신뢰하자 변화가 일어나기 시작했습니다. 제도나 카리스마로 교회를 이끌어 가려고 하면 여러 가지 무리가 따르지만, 서로가 비전에 공감하고 미션을 세우면서 함께 수행해 나가면 모두가 한마음으로 나아갈 수 있습니다."	임만호 목사 (드림교회)

성도들과의 소통 그리고 관심	"'어떻게 하면 성도들을 위로하고, 무거운 짐을 내려놓고 편하게 쉬게 할까. 어떻게 하면 교회에 왔을 때 행복하게 할 수 있을까' 그런 것을 고민하고 있습니다."	이윤재 목사 (한신교회)
삶의 변화를 위한 성령의 도우심	"내게 없는 은사를 요하는 일인 경우에는 도움을 받아야 합니다. 물론 하나님께 지혜를 구하는 것이 가장 좋지만, 내 한계를 인정해야 하는 경우라면 은사 있는 자에게 믿고 맡기십시오. 하나님은 합력하여 선을 이루십니다."	김상복 원로목사 (할렐루야교회)

1. 지금까지 내가 지켜본 교회 중 가장 건강하다고 생각되는 교회가 있는가?
   그 교회가 가지고 있는 모습 중 설교, 지역 사회, 삶과 연결하여 특별히 인
   상 깊은 부분이 무엇인가?

2. 내가 교회를 선택한다고 할 때, 설교, 지역 사회, 삶 중에서 가장 중요하게
   보는 것은 무엇이며 그 이유는 무엇인가?

3. 성장 요인의 순서가 변동된 것과 관련하여, 내가 생각하는 또 다른 이유가
   있다면 나누어 보자.

PART 3

교회 성장 요인은
서로 연결되어 있다

연결고리에서 하나가 빠지면 모든 것이 흔들린다

중요한 입시를 앞둔 세 학생이 있었다. 첫 번째 학생은 시험을 위해 공부에만 집중했다. 어떻게 해서든 시간을 아껴 보려고 먹는 시간, 잠자는 시간까지 줄여 가며 공부를 했다. 공부한 만큼 그의 실력은 늘어 갔고 시험이 겁나지 않을 만큼의 준비를 할 수 있게 되었다. 그러나 자신의 건강을 돌보지 않은 결과, 시험 전날 갑자기 쓰러져 응급실로 가게 되었다. 결국 그는 시험을 치르지 못했다. 그토록 고생하며 준비한 것이 모두 수포로 돌아갔다.

또 다른 학생은 건강관리도 잘하고 공부도 열심히 했다. 그러나 부모님의 잦은 다툼 때문에, 그리고 미래에 대한 불안감 때문에 스트레스에 갇혀 있었다. 공부를 열심히 하고 체력 관리, 건강관리를 했지만 정작 마인드 컨트롤을 제대로 하지 못한 것이다. 결국 그는 시험 당일 제대로 된 컨디션에서 시험을 치르지 못했다. 갑작스런 혼란과 긴장으로 준비한 만큼의 실력을 발휘하지 못한 것이다.

마지막 한 학생은 시험 때까지 모든 요소가 하나라도 어긋나지 않도록 자신을 관리했다. 공부는 물론, 건강관리도 철저히 했다. 심적으로 스트레스가 될 만한 것들은 무조건 피했다. 간혹 기분을 상하게 하는 일, 불안감을 가

저다주는 일들이 있어도 철저히 외면한 채 마인드 컨트롤에 만전을 기했다. 결국 그 학생은 시험 때 제 실력을 발휘할 수 있었다.

이처럼 수험생에게 있어 공부, 건강관리, 마인드 컨트롤은 모두 중요하다. 이 세 가지는 모두 연결되어 있는 것이나 다름없다. 이중 한 가지만 어긋나도 시험을 잘 치르기 어렵다. '이중 하나쯤이야' 하며 간과하면 앞의 두 학생처럼 안타까운 결과를 맞을 수밖에 없다.

마찬가지로 교회 성장에 필요한 요소들은 서로 연결되어 있다. 어느 하나라도 간과해서는 안 되는 것이다. '하나쯤이야'라고 생각할 수도 있지만 그 하나가 흔들리면 다른 것들도 함께 흔들린다.

1.

교회를 교회답게 하라

각각의 요소가 강조되는 것만으로는 부족하다

포스트 코로나 시대에는 설교가 더욱 중요해질 것이라고 앞에서 설명했다. 이와 함께 지역 사회와 삶이 중요하다는 것도 다뤘다. 사실 이 세 가지 요소가 강조되어야 한다는 사실에 대해 크게 놀라는 목회자는 많지 않을 것이다. 이미 잘 알고 있거나, 충분히 예상했을 것이다. 실제로 이 세 가지에 중점을 두고 달려왔다고 자신하는 목회자도 꽤 있을 것이다.

문제는 그것을 잘 알면서도, 각 요소가 강조되어 왔음에도 한국 교회의 문제가 해결되지 못하고 있다는 사실이다.

이유는 각 요소가 유기적인 관계로 이어지지 못했기 때문이다. 가령, 설교는 잘하는데 삶이 그만큼 뒤따라 주지 않아 괴리가 생기는 경우가 있다. 혹은 인격도 훌륭하고 성도들과 깊은 유대도 맺고 있지만 지역 사회를 향한 사명을 제시하지 못해 성도들이 무기력하게 신앙생활을 하는 경우도 있다. 또는 지역 사회를 향한 강력한 비전을 제시하고 이에 대한 열정도 크지만, 설교가 약해 성도들이 은혜에 대한 갈급함을 느끼는 경우도 있다.

따라서 각 요소 중 일부만 강조되고 일부는 배제되어서는 안 된다. 또한 다 강조하기는 하는데, 균형 없이 특정 요소에만 더 비중을 두어서도 안 된다.

유기적인 관계의 원동력은 '사랑'이다

그렇다면 이 세 가지가 유기적인 관계를 이루려면 어떻게 해야 할까? 결론을 말하면, 강제로 끼워 맞추고 연결시킬 필요가 없이 핵심 원리를 중심으로 움직이면 된다. 그 핵심 원리는 바로 사랑이다.

Part 1에서도 잠시 언급했듯이, 설교, 지역 사회, 삶이라는 세 가지 변화의 포인트는 예수님이 말씀하신 새 계명과 중요한 연관성을 드러낸다. 반복해서 다시금 짚어 보자면, 하나님을 사랑하라는 첫 번째 새 계명은 하나님을 사랑하는 데 기반이 되는 설교와 연결된다. 또한 이웃을 사랑하라는 두 번째 새 계명은 지역 사회를 향한 교회의 역할과 함께 목회자의 삶과 연결된다. 세부적으로 설명하자면 진정한 이웃 사랑은 자신을 사랑할 줄 아는 건강한 기반을 토대로 이웃을 사랑하는 것이라고 할 수 있다. 즉 나를 사랑하는 것이 목회자의 올바른 삶과 연관된다면, 이를 토대로 이웃을 사랑하는 것은 지역 사회에 대한 사명과 연결되는 것이다.

결국 예수님이 가르쳐 주신 새 계명, '사랑' 하나로 연결되어 있고 하나의 테두리 안에 있다. 그런 만큼 유기적으로 작용해야만 하고, 유기적이지 않고서는 각각의 가치 역시 제대로 발휘될 수 없다.

이제 세 가지 요소가 어떻게 유기적인 관계를 가져야 할지(설교와 삶, 설교와 지역 사회, 삶과 지역 사회), 각 교회에서는 어떤 유기적인 형태로 발전시키고 있는지를 살펴보자.

2.

각 요소는 어떻게
연결되어 있는가?

설교와 목회자의 삶 간의 유기적 관계

참고로 여기서 다루는 내용들은 설교와 설교자의 삶에 대한 관계다. 그런 까닭에 목회자(설교자)의 삶과 인격에 대해 다루는 기존의 논문 및 자료들과는 조금 다른 차원을 다루게 됨을 미리 알아 두자. 곧 여기서는 목회자의 삶에 대한 이야기를 하는 것이 아니라, 그 삶이 '설교' 자체와 어떤 관련을 맺어야 하는 지를 살피게 된다.

1) 설교와 설교자의 삶 간에 괴리가 없어야 한다

◇ 예수님의 말씀에 권위가 있는 까닭은

유월절 식사 자리에서 예수님이 갑자기 일어나시더니 겉옷을 벗고 수건을 가져와 허리에 두르셨다. 그러고는 대야에 물을 채우고 제자들 발 앞에 앉으셨다. 순간 제자들은 당혹감에 어쩔 줄 몰랐다. 하늘 같은 스승이 자신의 발 앞에 팔을 걷고 앉으셨으니 몸 둘 바를 몰랐다.

이내 예수님은 제자들의 발을 하나하나 씻기 시작하신다. 두르신 수건으로 정성껏 닦아 주시기까지 한다. 그러고는 이렇게 말씀하신다.

> 내가 주와 또는 선생이 되어 너희 발을 씻었으니 너희도 서로 발을 씻어 주는 것이 옳으니라 내가 너희에게 행한 것같이 너희도 행하게 하려 하여 본을 보였노라 (요 13:14-15).

두 문장밖에 되지 않지만 이 말씀은 제자들은 물론 오늘날의 그리스도인들에게 결코 잊히지 않는 말씀으로 남아 있다. 단 두 문장밖에 안 되는 이 말씀이 명설교로 남아 있는 이유는 무엇일까? 바로 몸소 제자들을 섬기신 예수님의 행동 때문이다. 스승으로서는 하기 힘든, 아니 할 필요도 없는 행위를 함으로써 제자들은 물론 오늘날의 우리에게까지 깊은 영향력을 미치게 되었다.

이 사건은 오늘날 설교와 설교자의 삶의 관계를 명확하게 조명해 준다. 설교자의 설교가 권위를 가지려면 무엇이 필요할까? 화려한 언변과 강력한 설득력이 있으면 될까? 그런 것들은 생략해도 아무 문제가 없다. 설교자가 전한 메시지와 설교자의 삶이 일치할 때, 그 설교는 자동으로 권위를 갖는다. 말 그대로 '말이 필요 없는 가르침'이 되는 것이다.

예수님은 왜 서로 발을 씻어 주어야 하는지 구구절절하게 설명하지 않으셨다. '내가 했으니 너희도 해라.' 이것 하나면 충분했다. 오늘날의 설교자도 마찬가지가 아닐까?

"세상 사람들은 교회가 교회답기를 바랍니다. 그들의 패턴을 따라오는 것을 원하지 않아요. 그들은 교회에서만 경험할 수 있는 경건과 영성을 기대합니다. 세상을 닮아 가려는 교회, 그들이 소화하기 쉬운 형태를 가진 교회를 원하지 않아요. 우리는 '교회만의 영성'을 회복해야 합니다. 교회는 세상과 닮아 갈 때 힘을 잃어버립니다. 교회다움을 회복하기 위해서는 '예수, 십자가, 영생, 부활'과 같은 원초적 복음을 붙들어야 합니다. 그 복음이 우리의 생명력이고 경건함이며 교회다움입니다. 시대와 상관없이 교회는 교회의 길을 가야 해요. '아날로그 영성'이라는 말은 디지털에는 없는 감성, 영성, 따뜻함, 편안함을 회복하자는 뜻입니다. 교회는 사회의 마지막 보루가 되어 이러한 아날로그적 영성을 유지해야 해요." (장창수 목사_대명교회)

▶ 교회가 가진 힘, 설교가 가진 힘은 말의 방법에서 오는 것이 아니다. 그 말의 내용과 그 말 뒤에 숨겨진 삶과 인격에서 우러나오는 것이다.

◇ 성도가 목회자를 존경할 때 교회를 떠나지 않는다

오늘날 교회를 떠나는 성도가 늘고 있다. 동시에 다른 교회로 옮기는 수평 이동 현상도 늘고 있다. 이유는 여러 가지겠지만 중요한 사실 한 가지는 '성도가 담임목사를 존경할 때, 그 성도는 그 교회를 떠날 수 없다'는 것이다.

그런데 목회자를 향한 존경심은 그 목회자의 사회적 위치나 스펙, 강력한 리더십 등으로 결정되는 것이 아니다. 그런 것들로 목회자를 대단하게 여길 수는 있지만 적어도 존경하려면 목회자의 '삶'을 따르고 싶어야 한다. 그리고 삶을 본받고 싶을 정도의 목회자라면 그런 목회자 곁을 떠날 성도는 없다. 멀리 이사가지 않는 이상 평생 그 교회를 지킨다.

한국 초대교회 때 예수의 '예'자도 모르던 사람들이 예수쟁이가 되기 시작한 것은 선교사들이 보여 준 섬김과 사랑 때문이었다. 그들은 어설프고 어눌한 한국말로 설교를 더듬더듬했지만 사람들은 그들의 말이 아닌 행동을 보고 교회를 찾았다.

그러고 보면 설교자의 삶에 한 영혼의 미래가 달려 있는지도 모른다. 목회자에 대한 실망의 목소리가 더욱 다양하게 들려오는 이 시대이기에 설교자는 이 사실을 더욱 새겨야 한다. 적어도 설교자의 삶에 실망과 회의를 느껴 교회를 떠나고 믿음을 저버리는 사람이 생겨서는 안 된다. 믿음을 갖게 하는 분은 전적으로 성령님이시지만, 그 성령과의 만남에 도화선이 되는 것은 설교자의 삶이다. 설교자의 삶에 따라 있는 믿음도 시들 수 있고 없던 믿음도 싹이 틀 수 있다.

"자기애적 목회자보다는 조금 더 희생적이고, 자기를 죽이는 목회자가 되었으면 좋겠습니다. 내 안에 예수님이 아닌 자아가 넘친다면 자기 죽음의 연습이 더 필요합니다. 모든 것을 절제하고 한국 교회에 모범이 되는, 부흥하는 교회보다 올바른 교회가 되어야 합니다. 목회자는 목회자대로 정도를 가고, 교회는 교회대로 정도를 가는 거죠. 지금이라도 우리가 본질로 돌아가면 목회자 자신도 행복하고, 성도들도 좋을 텐데 왜 그렇게 목회를 어렵게 하느라 힘들어합니까. 우리의 초점이 바로 서 있다면 하나님은 부흥의 선물을 더해 주실 것입니다. 이 모든 것은 우리 모두가 목회자다운 목회자로 돌아가면 되는 것입니다."(이윤재 목사_한신교회)

▶ 성도들은 가끔 곁길로 갈 수 있다. 그러나 설교자는 예외 없이, 단 한순간도 빠짐없이 바른길을 가야 한다. 희생을 하더라도, 손해를 보는 것 같더라도 정도를 가야 그 말씀에 권위가 생긴다.

2) 설교 준비가 곧 목회자의 삶이다

◇ 삶에 대한 묵상이 설교로 이어져야 한다

앞에서 설교자의 삶이 중요하다는 전반적인 내용에 대해 이야기했다면 여기서는 '설교' 자체와 조금 더 연관성을 두고 살펴보도록 하겠다. 우선 설교에 설교자의 삶이 묻어나고 설교자의 삶에 설교의 메시지가 드러나야 한다는 사실은 누구나 잘 알 것이다. 이제 설교를 준비하는 방법과는 어떤 연관을 맺을 수 있을지를 살펴보자.

우선 설교를 준비할 때 가장 먼저 필요한 것은 본문 선정 혹은 주제 선정이다. 경우에 따라서는 주제를 먼저 잡은 후 그에 맞는 본문을 찾지만 또 다른 경우에는 본문을 먼저 선정한 후 묵상하는 가운데 주제를 선정하기도 한다. 이런 차이가 있기는 하지만 우선 주제, 곧 설교의 핵심 메시지를 잡는 것이 첫 단계인 것은 분명하다.

그런데 여기서 설교자의 삶이 중요한 역할을 한다. 설교자가 평소에 생각하고 고민하며 관심을 가지는 부분들이 설교에 영향을 미칠 수 있기 때문이다. 설교자마다 최근에 뜨거운 마음을 품게 했던 영역이 다르고 관심을 갖는 사회적 이슈가 다르기 때문이다. 특별히 불우한 이웃을 섬기는 데 관심이 있을 수 있고 공동체 안에서 불의를 근절하는 일에 관심이 있을 수도 있다. 혹은 특별한 이슈, 사건과 관련이 없더라도 '겸손'에 대해 깊은 묵상을 하던 설교자는 그 내용이 설교의 주제를 잡는 데 반영될 수 있다.

이처럼 설교자가 평소에 가지고 있는 생각과 관심사는 설교에 반드시 중요한 영향을 미치게 된다. 하지만 평상시의 생각, 평상시의 관심에 따라 설교의 포인트가 달라지는 것이야 아무런 문제가 없지만 하나님이 기뻐하시지 않는 생각이 깃들 경우에는 문제가 된다. 하나님 안에서 그런 쓴 뿌리가 해결되지 않은 상태에서 설교가 준비되고 선포된다면, 결국 영의 양식으로 살아가야 할 성도들에게 생명이 없는 양식을 제공하게 된다.

"설교 준비를 하면서 가장 중요하게 여기는 것은 말씀을 묵상하면서 성령님이 주시는 통찰입니다. 주님이 우리에게 전달하고자 하는 메시지가 무엇일까를 고민하면서 하나님의 마음을 읽어 내려고 집중합니다. 성경 말씀은 시대를 초월하는 능력이 있기 때문에 말씀의 본질은 성경이 기록된 시대뿐만 아니라 우리 세대에도 동일하게 작동합니다. 예배 중에 성도들이 본문 말씀을 읽으면서 '이번 설교는 빤하겠다'라는 생각이 들게 하면 안 됩니다. 우물을 파면 팔수록 새로운 물이 솟아나듯이 하나님의 말씀도 살아 있어서 새로운 메시지로 다가오도록 해야 합니다. 이것이 설교자의 과제입니다. 본문을 정하고 난 후에는 본문을 시대와 연관하여 주님이 전달하시고자 하는 메시지가 무엇인지를 찾아내고, 찾아낸 메시지를 통해 설교자가 먼저 감동을 받아야 합니다. 그런 후에 받은 은혜를 성도들과 나누는 것이지요. 그 말씀에서 능력이 나타나 성도들의 삶을 변화시키게 됩니다."(황순환 목사_서원경교회)

"지치지 않기 위해 필요한 것은 사랑입니다. 저는 성경 다음으로 중요하게 생각하는 글귀가 하나 있습니다. '하나님은 사랑하는 자에게 아이디어를 주신다.' 성도를 사랑하는 자에게 아이디어를 주십니다. 끊임없이 불타오르는 열정을 유지하기는 힘들지만 성도를 사랑할 때 주님이 아이디어를 부어 주십니다. 어떻게 사랑하면, 어떻게 하면 그들을 기쁘게 해줄 수 있을지 아이디어가 떠오르는 것입니다. 사랑하니까 아이디어가 나오게 되고 작품으로 탄생하게 됩니다."(조성민 목사_상도제일교회)

▶ 말씀을 의지하고 성도를 사랑하는 만큼 본문에서 깊이 있는 메시지를 길어 올린다. 결국 말씀과 설교에 대한 삶의 자세가 설교의 질을 좌우하게 되는 것이다.

◇ 설교 준비 과정부터 정직해야 한다

성도들은 설교 준비 과정을 잘 모를 수 있다. 주석 책 한 권만 대충 참조해서 성경 해석을 하거나 대충 남의 설교를 베껴온다 해도 잘 모를 수 있다. 물론 요즘에는 눈치채는 성도도 많지만 그럼에도 설교자가 준비하는 과정을 실제로 지켜보지 않았기에 모를 수밖에 없다. 그러나 성도들은 모를지언정, 하나님은 다 아신다. 주석 책 한 권만 참조한 것이 어쩔 수 없는 상황 때문이었는지, 귀찮아서였는지 다 아신다. 누군가의 설교를 참조한 경우에도, 정말로 그 설교에 은혜를 받아 동일한 은혜를 공유하고 싶어서 그런 것인지, 설교 준비가 귀찮아서 그런 것인지 다 아신다. 하나님 앞에서 어느 것도 속일 수가 없다.

하나님은 거짓이 없으신 분인 만큼 하나님의 말씀을 전할 설교자 역시 진실하길 원하신다. 조금의 거짓 없이 설교가 준비되고 강단에서 증거되길 원하신다. 설교자는 설교 준비 과정 자체가 하나님 앞에서 정직한지를 돌아보아야 한다. 정직하게 설교 준비를 할 때 하나님이 역사를 일으키신다는 사실도 기억해야 한다.

3) 설교 현장에서 설교자의 인격이 드러난다

◇ 말 한마디 한마디에 신경 써야 한다

현대인은 자극적인 것을 좋아한다. 방송 미디어도 갈수록 자극적으로 변하고 있다. 그래서인지 자극적인 언어로 설교하는 설교자가 종종 있다. 재미있어야 설교의 몰입도를 높일 수 있다는 생각에 다소 과격한 언어 표현을 사용하는 것이다. 그러나 설교는 흥미와 재미를 위한 것이 아니다. 재미와 자극을 잡겠다고 잘못된 언어를 사용하면 그 화살이 성도의 마음에 비수로 꽂히게 된다. 물론 주의를 환기하기 위해, 도입을 위해 재미있는 예화 등이 사용될 필요는 있다. 그러나 그것이 본질을 흐리게 해서는 안 된다.

실제로 잘못된 언어 표현으로 구설수에 오르는 목회자들이 있다. 사람이기 때문에 실수할 수 있지만 설교자는 누구보다 이 부분을 조심해야 한다. 표현 하나하나가 하나님의 방식으로 표현될 수 있어야 한다.

무엇보다 이것은 평소의 삶에서 우러난다. 평상시에 상대를 배려하는 언어 습관을 가진 사람이라면 똑같이 재미있는 말을 하더라도 상처가 되지 않는 한에서 재미를 안겨 준다. 오히려 기분을 좋게 만들 수 있다. 그러나 평상시에 상대를 인격적으로 대하는 훈련이 결여되어 있다면, 설교 시간에 실수하기 십상이다. 그런데 대개 이런 설교자들은 자신이 문제되는 표현을 쓰고도 그것이 문제인지를 모른다.

설교자는 마음 내키는 대로 말해선 안 되는 사람이다. 내 설교이니 내 마음대로 하겠다고 생각한다면 큰 문제다. 하나님의 말씀을 대신 전하는 사람이라는 사실을 명심하고, 표현 하나하나를 하나님의 뜻에 비춰야 한다. 평상시에 이런 모습이 하나의 영적 습관이 되어야 한다.

"가끔 설교를 듣고도 교인들이 변하지 않는 모습을 보면 설교 준비에 전력하느라 애쓴 것이 아까울 때가 있습니다. 그러나 우리는 최선을 다해서 설교할 뿐이고, 그 설교를 사용해서 사람을 변화시키는 것은 하나님 몫이지요. 하나님이 알아서 쓰신다는 믿음을 가져야 하고 나아가 청중을 변화시키는 데 관심을 두기보다는 내가 먼저 변화되는 것에 애를 써야 합니다." (홍문수 목사_신반포교회)

▶ 성도들의 변화를 촉구하기에 앞서, 설교자 자신의 변화가 더 우선되어야 함을 강조하고 있다.

기억하면 좋을 한마디 (인터뷰에서 발췌)

설교자의 삶이 곧 설교	"교회는 세상과 닮아 갈 때 힘을 잃어버립니다. 교회다움을 회복하기 위해서는 '예수, 십자가, 영생, 부활'과 같은 원초적 복음을 붙들어야 합니다. 그 복음이 우리의 생명력이고 경건함이며 교회다움입니다."	장창수 목사 (대명교회)
	"자기애적 목회자보다는 조금 더 희생적이고, 자기를 죽이는 목회자가 되었으면 좋겠습니다. 내 안에 예수님이 아닌 자아가 넘친다면 자기 죽음의 연습이 더 필요합니다."	이윤재 목사 (한신교회)
설교 준비는 삶의 축	"설교 준비를 하면서 가장 중요하게 여기는 것은 성령님이 주시는 통찰입니다. 주님이 전달하시고자 하는 메시지를 찾아내고 그 메시지를 통해 설교자가 먼저 감동을 받아야 합니다."	황순환 목사 (서원경교회)
	"지치지 않기 위해 필요한 것은 사랑입니다. 성도를 사랑할 때 주님이 아이디어를 부어 주십니다."	조성민 목사 (상도제일교회)
설교에서 드러나는 인격	"청중을 변화시키는 데 관심을 두기보다는 내가 먼저 변화되는 것에 애를 써야 합니다."	홍문수 목사 (신반포교회)

설교와 지역 사회 간의 유기적 관계

1) 설교는 일상의 삶을 짚어 줘야 한다

이 세상에 사는 동안 방향이 없는 삶처럼 고단한 것도 없다. 무엇을 해야 할지, 목표가 무엇인지를 알면 당장 힘들어도 살맛이 난다. 하지만 어디로 가야 할지 모르면 그야말로 무너질 수밖에 없다. 성도들 입장에서도 마찬가지다. 어떻게 살아야 하는지, 어떠한 하나님의 일꾼으로 성장해야 하는지 분명한 방향이 제시되면 당장 힘든 일이 있어도 행복하다. 그러나 그런 비전이 제시되지 않으면 막막하고 답답함 속에서 괴로워하게 된다.

그런 측면에서 설교는 마지막 때에 힘겹게 버티고 있는 성도에게 사명을 분명히 깨닫게 해주고 구체적인 비전을 제시하는 역할을 해야 한다. 특히 지역 사회, 곧 이웃을 향한 봉사와 섬김은 모든 성도에게도 예외 없이 적용되어야 할 사명인 만큼, 설교 속에 그 메시지가 녹아들어야 한다.

지역 사회를 향한 헌신을 가르치는 설교, 이것은 얼핏 성도들에게 부담을 주는 게 아닐까 생각할지도 모른다. 그러나 오히려 무엇을 해야 할지 분명한 적용점을 제시해 주기 때문에 성도들에게는 더 큰 희망과 안정감으로 다가갈 수 있음을 기억하자. 무엇보다 성도를 정말로 사랑한다면 성도들의 성숙과 성장을 위해 노력해야 한다. 이러한 지역 사회를 향한 메시지는 성도들이 도약할 수 있는 핵심 발판이 된다.

"지역 선교 과정에서 교인들이 그것을 당연하게 여기고 양보하며 그 과정에 참여함이 없이는 아무리 좋은 프로그램도 제대로 진행되기 어렵습니다. 아울러 충분한 공감대 형성 이후에는, 교인들이 함께 참여할 수 있는 구체적 방법도 제시해 주어야 합니다. 만나교회에서는 이런 과정을 매년 1월과 2월 '사역축제'라는 이름으로 진행하고 있습니다. 이 사역축제의 목적은 교회 각 부서 사역에 동참할 사역자와 후원자를 발굴하고, 교인들에게 선교 마인드를 계속해서 심어 주는 것입니다. 이를 위해 주일 설교를 통해 계속해서 교회의 존재 목적을 가르치고, 여러 가지 다양한 프로그램을 통해 선교의 중요성을 설명합니다."(김병삼 목사_만나교회)

"우리는 기존에 불신자들을 교회로 인도하는 일에 많은 노력을 기울였어요. 일단 교회에 데리고 와서 무엇이든 시도했던 것이죠. 하지만 이제는 우리가 나가서 그들을 만나는 시대가 되었습니다. 그들이 교회에 오지 않더라도 우리가 찾아가서 만나면 됩니다. 오라고 하는데 안 온다고 포기할 수는 없잖아요. 우리가 가면 됩니다. 목사와 성도들이 그들을 찾아가는 것은 교회가 가는 것과 같습니다. 사람들이 교회에 오지 않는다고 해서 '주님이 그들을 선택하지 않았나 보다' 하면서 포기하면 안 됩니다. 하나님 영광을 위해서, 이웃의 행복을 위해서 우리는 나아가야 합니다. 하나님의 영광을 위해 사는 사람은 이웃을 행복하게 만들 책임이 있습니다. 이웃을 행복하게 하는 사람이 있다면 그는 하나님께 영광 돌리는 사람입니다. 설교에서도 적용은 항상 동일합니다. '하나님의 영광을 위해 설교를 들었습니까? 그러면 이제 어떻게 이웃을 행복하게 할 수 있을까요?' 이렇게 성도들로 하

여금 어떻게 살아야 할지를 깨닫게 해줍니다.(조성민 목사_상도제일교회)

▶ 어쩌다가 지역 사회를 향한 설교를 하는 방식이 되어서는 안 된다. 이 메시지는 늘, 매번 강조되어야 할 메시지다. 곧 성도들의 삶의 방식으로 자리 잡게 해야 한다.

간혹 지역 사회를 향한 메시지가 설교에 자주 등장하는 것에 대해 비판하는 목소리도 있다. 마치 비본질적으로 흐르는 것인 양 우려하는 것이다. 그러나 지역 사회를 향한 역할을 강조하는 것이야말로 본질 그 자체의 설교다. 예수님이 말씀하신 이웃 사랑의 가치를 그대로 담고 있기 때문이다.

"'거룩'이라는 개념을 잘 생각해야 될 것 같습니다. 구약성경, 특별히 레위기와 같은 율법에서는 부정한 것과 분리되고 구별되어야 거룩하다고 인정받을 수 있었습니다. 제가 생각하기에, 하나님이 죄에 쉽게 무너지는 인간의 연약함을 아시기에 이런 율법으로 이스라엘의 거룩성을 지키려고 하셨다고 봅니다. 그러나 예수님의 거룩성은 좀 달랐습니다. 예수님은 손가락질 받는 죄인들과 세상 사람들을 멀리하지 않으셨고 스스로를 거룩하다고 구별하지도 않으셨어요. 오히려 그들을 끌어안고 거룩하게 변화시킴으로써 세상을 변화시키고자 하셨습니다. 그런 점에서 저는 교회가 예수님의 길을 따라야 한다고 생각합니다. 물론 율법에서 전제한 것처럼, 우리 인간은 연약하기 때문에 때로 세상과 구별되어야 할 필요도 있습니다. 그러나 그것은 일시적인 조치가 되어야 합니다. 우리는 예수님처럼 변화된 거룩성을 가지고 세상을 끌어안아야 합니다. 교회 마당에서 누가 담배를 피운다고 생각해 봅시다. 예수님이라면 그 사람을 어떻게 대하실까요? 세상과 구별되어야 하니까 그 사람을 쫓아내실까요? 아니면 그 사람에게 복음의 감동을 주어서 그 사람을 변화시킬까요? 제가 만난 예수님은 후자입니다. 그런 점에서 저는 교회가 모든 사람에게 열려 있는 곳이어야 한다고 생각합니다."(김학중 목사_안산 꿈의교회)

"저는 기독교가 다시 유대교적인 시스템이나 이방 종교적인 예전 의식 등과 결합해서 본질적인 예수님의 의도를 끊임없이 왜곡해 왔다는 생각을 하게 되었습니다. 예수님은 '예수를 주라 시인하는 공동체'로 교회를 이 땅에 새롭게 선포하셨습니다. 교회는 예수가 '메시아'임을 전하는 데에서 그쳐야 합니다. 예수님은 종교를 허물어 버리고자 오셨는데 현재의 기독교는 예수님이 허물고자 했던 제도적인 그 종교를 다시 부활시키고 있죠. 그런 의미에서 저는 교회가 생명을 전하는 일, 즉 본질에만 충실해야 한다고 생각합니다. 교회 공동체는 서로 사랑하는 공동체입니다. 율법 전체를 하나님 사랑과 이웃 사랑으로 요약하셨듯이 이것으로 충분한 공동체가 바로 교회죠. 그러나 오늘날 교회는 이 본질에서 벗어나 사역을 중심으로 하는 사역 공동체로 변질되고 있습니다. 그러니 교회 공동체가 당연히 가져야 할 하나님 사랑과 이웃 사랑은 빠지고 끝없이 일하는 공동체가 되어 버린 것이죠. 그야말로 비즈니스 공동체처럼 변질되고 만 것입니다. 앞으로 교회는 그동안의 제도적인 것을 버리고 오직 서로 사랑하는 일에 집중해야 합니다. 서로 사랑하기 위해서는 기도와 말씀 위에서만이 가능합니다. 따라서 말씀과 기도가 약해지면 결코 서로 사랑하는 공동체가 될 수 없습니다. 우리가 교회에서 서로 사랑하라고 강조하고 주장할 필요가 없습니다. 말씀으로 돌아가 교회가 본질을 정확히 파악하고 그 위에 세워진다면 교회는 교회다워질 것입니다. 그럴 때 하나님이 주인이시고 예수님이 머리가 되시며, 성령님만이 운행하시는 진정한 교회가 탄생한다고 믿는 것이죠." (조정민 목사_베이직교회)

▶ 교회의 존재 이유는 이웃을 섬기는 것이다. 이것이 오히려 본질이며 설교 때마다 강조되어야 할 부분이다. 설교는 은혜와 감동만 주는 것이 아니라, 어떻게 살아야 하는지에 대한 방법을 가르쳐 주는 역할도 한다. 그런 차원에서 지역 사회를 섬기는 것에 대한 설교는 성도들이 세상으로 나아가 어떻게 살아야 하는지를 분명히 제시해 준다고 할 수 있다.

2) 설교는 지역 사회로 깊이 들어가도록 이끌어야 한다

예수님은 공생애 기간 동안 소외된 이웃들을 먼저 찾아가셨다. 특히 약하고 병든 자들은 이동하는 것 자체가 어려운 만큼, 직접 그들 안으로 들어가 만나 주셨다. 남들이 외면하는 곳일지라도 더 적극적으로 찾아가셨다.

목회자, 곧 설교자가 이러해야 한다. 설교를 위해 현장에 더 깊이 들어가야 한다. 소외된 이웃을 향해 더 가까이 나아가야 한다. 그들을 볼 때, 그들의 삶의 자리를 확인하고 아픔과 상처를 마음 깊이 공감할 때, 진정성 있는 메시지가 강단에서 울려 퍼지게 된다.

"오늘날 교회에 부정적인 인식을 가지고 있는 한국 사회나 젊은이들이 복음을 어떻게 받아들일까요? 저는 우리가 너무 종교화되었다고 생각합니다. 우리가 사용하는 용어도 종교적이고 삶의 영역도 종교적인 울타리 안에 있습니다. 그래서 일반 사람들에게 우리는 불편한 사람들입니다. 그만큼 우리는 일반인들의 삶과 생각과 언어로부터 동떨어져 있습니다. 예수님은 복음적이었지 종교적이지 않으셨습니다. 예수님은 세리나 창녀나 세상 사람들과 만날 때 어떤 격도 두지 않으셨습니다. 그런데 오늘날 교회는 예수님보다 바리새인을 더 닮아 보입니다. 이 종교적인 틀을 깨는 데 가장 유용한 것이 바로 문화입니다. 사람들은 문화 속에서 문화와 호흡하며 살아가기 때문입니다. 우리가 세상과 접촉할 수 있는 접촉점이 바로 문화입니다. 그래서 우리 교회는 문화 속으로 들어가서 세상과 소통하고자 여러 가지 시도를 했습니다. 종교개혁 500주년 기념 공연으로 〈더 북〉이라는 뮤지컬을 우리 교회에서 올렸는데, 4회 공연에 5천 명이 넘는 사람들이 찾아왔습니다. 제주 선교 역사상 처음 있는 일입니다. 연합부흥집회를 할 때는 천 명도 안 모입니다. 물론 문화가 예배를 대신할 수는 없습니다. 하지만 문화는 세상 사람들과 소통하는 좋은 도구입니다. 교회가 경직성을 좀 버리고 문화를 통해 세상에 좀 더 다가가야 한다고 생각합니다."(류정길 목사_제주성안교회)

"교회는 복음 전도만이 아니라 사회와 함께해야 합니다. 숭의교회는 종합사회복지관, 현대유비스병원, 그린힐요양원 등의 협력기관을 통해 지역 사회를 위한 봉사활동을 꾸준히 실천하고 있어요. 이러한 섬김을 위해서는 복지사들이 많이 필요합니다. 진실되고 신앙심 있는 복지사와 함께 일하기를 항상 기도하고 있습니다. 복지사 한 명을 잘 훈련시키면 복지 분야에서는 전문가이면서 교회 안에서는 으뜸가는 봉사자가 됩니다. 저는 지금도 기회가 된다면 교회가 학교도 세우고 병원도 세워야 한다고 말합니다. 교회로 사람들이 모이고, 찾아오게 만들어야 합니다. 학교를 세우면 선생님과 관리하는 사람들이 필요하고, 병원을 세워도 의사와 간호사들이 필요한데, 지금같이 일자리가 줄어드는 시대에 고용 창출도 되고, 여러 가지로 교회가 좋은 일을 할 수 있다고 생각해요. 점점 규모를 넓혀 가 마을 전체가 기독교적 마인드로 가득하길 소망하고 있습니다."(이선목 목사_숭의감리교회)

▶ 예수님은 세상을 사랑하셨고 사랑하시는 만큼 더 가까이 다가가셨다. 교회도 마찬가지여야 한다. 설교 말씀 가운데 지역 사회를 향한 사랑이 온전히 담기려면, 먼저 목회자가 발 벗고 나서야 한다. 현장에서 그들을 깊이 이해할 때, 지금 이 시대에 하나님이 주시는 메시지를 온전히 전할 수 있다.

3) 우리 교회의 성장을 위해서가 아니라 지역 사회를 위한 설교가 필요하다

예수님의 사역 방법도 닮아야 하지만 예수님의 메시지도 따라 할 수 있어야 한다. 우선 예수님의 메시지는 한마디로 하나님 나라를 선포하는 것이었다. 죽음 이후의 천국만이 아니라 지금 이 땅에서 하나님이 다스리시는 하나님 나라가 세워지고 확장되는 데 뜻을 두고 가르치신 것이다. 특히 예수님은 그런 과정에서 자신의 세력을 늘리는 데는 관심이 없으셨다. 오로지 하나님 나라의 확장에만 관심을 가지실 뿐이었다.

오늘날 교회도 마찬가지여야 한다. 우리 교회가 더 커지고 우리 교회에 더 많은 교인이 들어오게 하기 위해 지역 사회를 향한 봉사와 섬김이 이루어져서는 안 된다. 그리고 이것을 분명히 깨닫기 위한 설교가 선포되어야 한다. 우리 교회 교인은 늘지 않더라도, 지역 사회를 향한 봉사가 우리의 사명인 만큼 예외 없이 감당해야 함을 분명히 전할 수 있어야 한다.

"제 주변에는 장애를 가진 분이 없었습니다. 몸이 불편한 분들을 어떻게 배려해야 하는지에 대해 무지했죠. 그런데 교회를 개척하고 나서 찾아온 아이들 중에 장애를 가진 아이가 있었습니다. 아무것도 모르면서 그 아이를 붙잡고 씨름을 했어요. 다른 장애아동이 찾아올 때마다 함께 많이 아파하고, 울고, 노심초사했어요. 어떻게 하면 이 아이들이 세상을 살아가도록 도울 수 있을까 참 많이 고민했습니다. 지금도 하나님이 여건을 허락하시면 이 아이들을 데리고 살 생각을 하고 있습니다…. 교회는 구색 맞추기식 복지나 선교가 아니라 실질적인 사역, 실제적인 일을 해야 합니다. 함께 예배를 드리는 것, 장애아동의 부모님을 모시고 기차여행을 가는 것 등 그들의 삶에 에너지를 불어넣을 수 있는 실제적인 섬김을 실천하는 것이죠. 소외된 사람들, 장애를 가진 사람들은 '가난'과 연결되어 있기에 교회가 그들을 끌어안고 함께 짐을 나누면 큰 힘이 되어 줄 수 있어요. 이러한 일을 하라고 주님이 부흥과 복을 쏟아부어 주시는 것 같습니다." (황유석 목사_수원은혜교회)

"지역 사회를 위한 특별한 활동 중 하나는 '재능 나눔'입니다. 이 사역에는 대학생뿐만 아니라 대학원생, 직장인, 대학 교수 등 다양한 분들이 참여하고 있습니다. 외국어, 수학, 악기 등에 달란트를 가진 분들이 용산 지역 아이들에게 재능을 나누는 사역이에요. 그분들이 아이들에게 지속적으로 도움을 주고 섬길 수 있도록 교회에서 먼저 교육하고, 아이들의 희망 과목에 따라 성도님들을 이어 줍니다."(이전호 목사_충신교회)

▶ 우리 교회에 조금도 도움이 되지 않는 듯한 섬김을 실천해야 할 때가 있다. 그러나 그것은 손해가 아니다. 오히려 당장 우리 교회에 유익이 없어 보일 때, 그 섬김을 진정한 섬김으로 인식하며 반길 수 있어야 한다.

기억하면 좋을 한마디 (인터뷰에서 발췌)

사회에서의 역할을 알려 주는 설교	"청중을 변화시키는 데 관심을 두기보다는 내가 먼저 변화되는 것에 애를 써야 합니다."	홍문수 목사 (신반포교회)
	"지역 선교에 보다 많은 성도가 참여하게 하려면 주일 설교를 통해 계속해서 교회의 존재 목적을 가르쳐야 합니다."	김병삼 목사 (만나교회)
	"하나님 영광을 위해서, 이웃의 행복을 위해서 우리는 나아가야 합니다. 하나님의 영광을 위해 사는 사람은 이웃을 행복하게 만들 책임이 있습니다."	조성민 목사 (상도제일교회)
	"예수님은 손가락질 받는 죄인들과 세상 사람들을 멀리하지 않으셨고 스스로를 거룩하다고 구별하지도 않으셨습니다. 저는 교회가 모든 사람에게 열려 있는 곳이어야 한다고 생각합니다."	김학중 목사 (안산 꿈의교회)
	"말씀과 기도가 약해지면 결코 서로 사랑하는 공동체가 될 수 없습니다. 말씀으로 돌아가 교회가 본질을 정확히 파악하고 그 위에 세워진다면 교회는 교회다워질 것입니다."	조정민 목사 (베이직교회)
지역 사회로 깊이 들어가도록 이끄는 메시지	"문화는 세상 사람들과 소통하는 좋은 도구입니다. 교회가 경직성을 좀 버리고 문화를 통해 세상에 좀 더 다가가야 한다고 생각합니다."	류정길 목사 (제주성안교회)
	"교회는 복음 전도만이 아니라 사회와 함께해야 합니다. 저는 지금도 기회가 된다면 교회가 학교도 세우고 병원도 세워야 한다고 말합니다."	이선목 목사 (숭의감리교회)
성장이 아닌 지역 사회를 위한 설교	"소외된 사람들, 장애를 가진 사람들은 '가난'과 연결되어 있기에 교회가 그들을 끌어안고 함께 짐을 나누면 큰 힘이 되어 줄 수 있어요. 이러한 일을 하라고 주님이 부흥과 복을 쏟아부어 주시는 것 같습니다."	황유석 목사 (수원은혜교회)
	"지역 사회를 위한 특별한 활동 중 하나는 '재능 나눔'입니다. 이 사역에는 대학생뿐만 아니라 대학원생, 직장인, 대학 교수 등 다양한 분들이 참여하고 있습니다."	이전호 목사 (충신교회)

미래 목회 성장 리포트

삶과 지역 사회 간의 유기적 관계

1) 일상에서 봉사와 섬김이 습관이 되어야 한다

자신도 봉사에 익숙하지 않으면서 강단에서 봉사와 섬김을 강조할 수는 없다. 물론 증거한다고 해도 그 안에 생명력이 담길 리 만무하다. 따라서 지역 사회에 대한 헌신을 가르치기에 앞서 목회자 자신이 봉사와 섬김의 삶에 익숙해져야 한다. 지역 사회를 향한 관심이 언제나 마음 한 곳을 채우고 있어야 한다. 설교 말씀을 전할 때 억지로 지역 사회 관련 메시지를 끄집어내는 것이 아니라, 의도하지 않아도 자연스럽게 증거될 수밖에 없는 수준이 되어야 한다. 이렇게 목회자가 지역 사회를 향한 헌신이 습관이 되어 있으면, 성도는 목회자 뒤를 따라가게 된다. 행여 설교 말씀을 통해 이 부분이 덜 강조되더라도 자연스럽게 본받게 된다.

코로나19 시대, 사회적 거리두기로 인해 대면 봉사가 어려운 현실이다. 하지만 봉사는 대면으로만 가능한 것이 아니다. 그 방법은 고민하면 고민할수록 더욱 다양하게 도출될 것이다. 목회자가 먼저 그 방법을 다양하게 고민해 보고 실천해 보자.

"요즘은 초등학교 아이들 만나기가 국회의원 만나는 것처럼 어렵습니다. 아이들이 너무 바빠요. 학교 끝나면 바로 학원으로 가잖아요. 학원도 두세 군데씩 가니까 평일에는 보기 힘듭니다. 그런 아이들과 학생들을 보면서 늘 전도에 대한 열망이 있었습니다. 그래서 아이들에게 줄 수 있는 명함과 믿지 않는 사람들에게 거부감을 주지 않는 명함을 제작했습니다. 명함에는 '떡볶이 같이 먹을까요?' '커피 한잔 하실래요?' 같은 문구를 넣고 제 번호도 넣었습니다. 전화나 문자가 많이 올 줄 알았는데 그렇지는 않더라고요.(웃음) 저는 믿는 사람보다 믿지 않는 분들에게 일부러 더 다가가려고 노력합니다. 왜 예수님을 믿어야 하고, 기독교는 무엇인지, 크리스천의 삶은 어떠한지 사람들을 만나서 함께 이야기하는 것이 즐겁습니다. 근래에는 예전처럼 간증집을 접하기 어려운 것 같아요. 전에는 의사, 기업가, 정치인 등 희로애락이 담긴 간증을 들으면서 은혜를 참 많이 받았는데 아쉽습니다." (이선목 목사_숭의감리교회)

▶ 성도들과 함께하는 지역 사회를 향한 봉사, 전도, 섬김도 중요하지만 때로는 목회자 혼자서 습관적으로 지역 사회를 향해 나아가는 것도 귀감이 될 수 있다. 무엇보다 열정이 있다면 시간을 쪼개서라도 그런 일을 하게 된다. 이미 몸에 배어 있기 때문이다.

2) 고민의 깊이가 지역 사회 섬김을 결정한다

이미 하나님이 깨닫게 해주신 대로 지역 사회를 섬기는 습관을 가졌다면, 그다음에는 단계를 업그레이드해야 한다. 하던 대로만 하는 것이 아니라, 하나님이 새롭게 보여 주실 비전을 향해 나아가는 것이다. 지역 사회를 위해 해야 할 일은 한정되어 있지 않다. 무궁무진하며 그 하나하나가 하나님이 주시는 축복의 자리다.

하나님의 은혜로 지역 사회를 섬길 기회를 얻었다면 그다음으로 해야 할 일도 깨닫게 해 달라고 간구하고 소원해야 한다. 평상시에도 지속적으로 고민해야 한다. 그야말로 거룩한 고민이다. 하나님은 이런 고민을 하는 목회자에게 해야 할 일을 밝히 보여 주신다. 누군가는 새롭게 해야 할 일을 깨닫게 되는 것이 부담스럽지 않느냐고 할지도 모른다. 그러나 적어도 지금까지 지역 사회를 위해 봉사해 온 목회자라면 잘 알 것이다. 그것은 부담이 아니라 영광 그 자체임을.

"'어떻게 하면 교회가 이 지역의 영혼들이 구원받는 공동체가 될수 있을까?' 하는 것은 모든 교회가 공통적으로 관심을 기울이는 주제예요. 사도행전에 보면 백성들(지역 사회)에게 칭송(인정)을 받고 저들의 관심의 대상이 되는 교회가 될 때 그 지역의 영혼들이 구원을 받게 됩니다. 이를 위해서는 무엇보다도 먼저 지금까지의 교회 중심적, 교인 중심적, 목회자 중심적인 교회에서 선교 중심적인 교회로 목회 철학이 분명하게 바뀌어야 하고 이것이 모든 교인에게 전파되어야 합니다. 왜냐하면 지역 사회와 주민을 위해 교회 안에 공간을 마련하고, 특별한 프로그램을 진행하는 일을 하다 보면 필연적으로 기존 교인들의 불편이 발생하기 때문입니다."(김병삼 목사_만나교회)

▶ 하나님의 일을 감당하기 위해서 목회자는 치열하게 고민해야 한다. 지역 사회를 향한 사명과 관련해서도 마찬가지다. 내가 해야 할 일이 무엇인가, 내가 품어야 할 대상이 누구인가를 지속적으로 고민하며 답을 구해야 한다. 그럴 때 성령님이 놀라운 길을 열어 주신다.

"21세기는 교회가 세상에서 영향력을 발휘하지 못하는 시대입니다. 그래서 일산광림교회는 NGO 단체인 '월드 휴먼브리지'의 이름으로 지역 사회를 섬기고 있습니다. 지금까지 우리 교회 단독으로 하던 것을 넘어 지자체와 협력하여 더 많은 재정과 인력을 확보하고 지역 사회를 섬기려는 것입니다. '월드휴먼브리지'에서는 모아사랑태교음악회, 걷기축제, 사랑의 곳간, 1%나눔 캠페인, 아이러브, 엔젤맘, 사랑의 설렁탕, 스마일 프로젝트, 아프리카 살충 모기장 보내기, 아프리카 우물 파기 등 국내는 물론 해외까지 많은 일들을 구상하며, 저소득층과 소외계층, 차상위 계층, 다문화 사람들에게 다양하게 혜택이 돌아갈 수 있도록 사업들을 진행하고 있습니다. 일산광림교회가 NGO 사역을 통해 이루고자 하는 것은 한 가지입니다. 교회의 이름을 드러내지 않고 지역 주민을 기쁨으로 섬기며, 자연스럽게 그리스도의 향기를 내어 복음을 전하는 것입니다. '어디에서 이렇게 좋은 행사를 진행하지? 교회구나!' 하고 자연스럽게 알게 됨으로써 예수님의 사랑을 전하고자 하는 뜻이 담겨 있습니다."(박동찬 목사_일산광림교회)

▶ 고민하면 고민할수록 할 수 있는 사역의 종류와 형태 역시 다양해지고 풍부해진다. 그리고 고민 가운데 깨닫게 해주신 지혜인 만큼 인간의 예상을 뛰어넘는 결과를 마주하게 될 것이다.

3) 섬김의 삶과 일상의 삶이 일치해야 한다

지역 사회를 위해 열정적으로 헌신하는 만큼 신경 써야 할 부분이 있다. 바로 내실이다. 혹은 교회 내부, 혹은 가족과의 관계다. 정작 먼 곳에 있는 이웃을 돌보면서 가까운 사람들을 외면하거나 소홀히 해서는 안 된다. 지역 사회를 향한 봉사는 내부 사람들을 외면하라는 것이 아니다. 하나님은 내부 사람들을 향해 충분한 사랑을 베푸는 것을 전제로 지역 사회를 향해 나아가라고 하신다.

간혹 지역 사회, 해외선교를 외치면서 정작 가족관계에는 문제가 있거나 부교역자들을 홀대하는 목회자가 있다. 우리는 분명히 기억해야 한다. 하나님은 누구와도 예외 없이 화목하기를 원하신다. 정말로 바깥에서 사랑을 전하려면, 안에서 진정한 사랑을 베푸는 연습을 해야 한다.

"저희는 지역 사회와의 관계를 굉장히 중요하게 여깁니다. 삶의 현장에서 선교가 일어나야 한다는 부분이지요. 때문에 지역 사회를 섬기는 사역을 많이 감당하고 있습니다. 그런 점 때문인지 교회 건축 당시 구청이 나서서 지역 민원을 막아 주었습니다. 하지만 그보다 더 중요한 것은 내실을 더 잘 다지는 일입니다. 이를 위해 재정을 투명하게 사용하기 위해 힘쓰고 있습니다. 하나님이 인도하시고, 격려해 주신 덕분에 지금까지 이런 길을 걸어올 수 있었어요." (김형준 목사_동안교회)

▶ 지역 사회를 돌보는 만큼 내실을 다지는 것도 중요함을(전제가 됨을) 강조하고 있다.

"저도 교회를 개척한 경험이 있기 때문에 미자립 교회를 섬기시는 목회자들의 심정을 잘 압니다. 최근 사회에서 '갑질' 논쟁이 있었는데요. 조금 큰 교회 목회자라는 이유로 작은 교회 목회자를 무시해서는 안 됩니다. 친구가 되어 이야기도 들어주고 필요를 채워 주는 관계가 되어야 합니다. 평광교회는 미자립 교회 목회자들의 생활비가 부족하면 생활비를 채워 주고, 차량이 필요하면 차를 공급하고 아픈 분이 계시면 치료해 드립니다. 목사님들과 매주 식사하며 같이 기도하고 교제하는 시간도 갖고 있습니다. 모든 교회는 주님의 몸이라는 생각을 갖자 하나님은 함께 성장할 길과 지혜를 주셨습니다. 교단을 초월해서 주님의 몸은 모두 건강한 성장을 이룩해야 합니다. 이웃의 교회들과 함께 서로 축복하며 조국 교회를 위해 기도하니 참 기쁘고 감사합니다."(조성욱 목사_평광교회)

"우리의 이웃은 누구일까요? 먼저는 아내와 남편, 시어머니와 시아버지, 장인과 장모님, 형제와 자매입니다. 등잔 밑이 어둡다고, 우리는 가까이 있는 사람들을 쉽게 잊곤 합니다. 다른 이들에게는 잘 대해 주면서 가족은 함부로 대하는 경우가 많습니다. 그래서 먼저는 가족부터, 그다음에 교회 공동체와 사회로 나아가야 합니다. 성도들이 처음에는 '목사님이니까 저런 말씀을 하시는가 보다' 했으나 계속 반복해서 듣다 보니 그냥 하는 말이 아니라 진심이라는 사실을 알았고, 그것이 주님의 마음이라는 것도 깨닫게 되었습니다."(조성민 목사_상도제일교회)

▶ 다른 목회자, 가족을 챙기는 것도 지역 사회를 향한 헌신만큼이나 중요하다. 어느 것이 더 우선이라고 말할 것도 없이 동일하게 최선을 다해 돌보고 사랑을 베풀어야 한다. 그것이 주의 종이 감당해야 할 몫이다.

기억하면 좋을 한마디(인터뷰에서 발췌)

일상이 되어야 할 봉사와 섬김	"저는 믿는 사람보다 믿지 않는 분들에게 일부러 더 다가가려고 노력합니다. 왜 예수님을 믿어야 하고, 기독교는 무엇인지, 크리스천의 삶은 어떠한지 사람들을 만나서 함께 이야기하는 것이 즐겁습니다."	이선목 목사 (숭의감리교회)
지역 사회를 향한 거룩한 고민	"백성들(지역 사회)에게 칭송(인정)을 받고 저들의 관심의 대상이 되는 교회가 되려면 교회 중심적, 교인 중심적, 목회자 중심적인 교회에서 선교 중심적인 교회로 목회 철학이 분명하게 바뀌어야 합니다."	김병삼 목사 (만나교회)
지역 사회를 향한 거룩한 고민	"교회의 이름을 드러내지 않고 지역 주민을 기쁨으로 섬기며, 자연스럽게 그리스도의 향기를 내어 복음을 전하는 것이 필요합니다."	박동찬 목사 (일산광림교회)
	"지역 사회와의 관계를 굉장히 중요하게 여깁니다. 특히 이를 위해 내실을 잘 다져야 합니다(투명한 재정 사용 등)."	김형준 목사 (동안교회)
지역에서와 일상에서의 삶이 일치	"모든 교회는 주님의 몸이라는 생각을 갖자 하나님은 함께 성장할 길과 지혜를 주셨습니다. 교단을 초월해서 주님의 몸은 모두 건강한 성장을 이룩해야 합니다."	조성욱 목사 (평광교회)
	"먼저는 가족부터, 그다음에 교회 공동체와 사회로 나아가야 합니다."	조성민 목사 (상도제일교회)

1. 세 가지 성장 요인이 유기적으로 연결될 때, 성도들에게서 나타날 수 있는 변화는 무엇이라고 생각하는가? 또한 지역 사회에는 어떤 영향을 미칠 수 있다고 생각하는가?

2. 세 가지 성장 요인이 유기적인 연결을 갖지 못했을 때 교회나 사회에 나타날 수 있는 문제에는 어떤 것이 있을까? 그것이 어느 정도로 심각한지에 대해서도 나누어 보자.

3. 예수님이 가르쳐 주신 새 계명 '사랑'이 각 성장 요인을 연결할 원동력이 될 수 있다는 것에 동의하는가? 혹시 또 다른 의견이 있다면 함께 이야기해 보자.

미래
목회 성장
리포트

PART 4

교회,
이제는 도약할 때

모든 변화의 핵심은 지도자에게 있다

어떤 나라에 전쟁이 일어났다. 상대 나라가 너무나 막강했지만 백성들은 어떻게 해서든 힘을 모아 전쟁에서 이기고 싶었다. 군인뿐 아니라 백성도 전쟁터에 나갔고, 여인들은 후방에서 식량을 챙기며 힘을 쏟았다. 그런데 정작 임금은 전쟁에서 이길 생각이 없었다. 계속 싸우느니 그냥 화친을 맺는 것이 더 낫다고 생각했다. 자존심은 상하지만 화친을 맺으면 더 이상 그 나라가 쳐들어올 일도 없고 편하게 살 수 있다고 생각한 것이다.

결국 백성들의 노력과 희생에도 불구하고 임금은 항복하여 화친을 맺었다. 나라가 한순간에 속국이 되었고 백성들은 그동안의 노력이 수포로 돌아갔다는 사실에 허탈해하며 피눈물을 흘렸다.

이처럼 한 공동체에서 지도자의 역할은 매우 중요하다. 아무리 공동체 전체가 희생을 감수하며 노력해도 지도자가 잘못된 선택을 하고 잘못된 방향으로 이끌면 그 공동체는 무너져 버린다. 반면에 위기 상황에서 지도자가 먼저 각성하고 바른 결정을 내리면 그 공동체는 살아날 길을 찾게 된다.

한국 교회라는 공동체도 마찬가지다. 코로나 시대 한국 교회의 회복을 위한 다양한 노력이 요구되고 있다. 성도 한 사람 한 사람의 노력도 중요하지만 리더인 목회자의 역할은 절대적으로 중요하다. 아무리 성도들이 영적으로 고군분투해도, 목회자가 근신할 필요를 못 느낀다면 그 고군분투는 좌절하기 쉽다. 목회자가 이대로 충분하다는 메시지를 내니 계속적인 영적 각성을 하지 못한 채 결국 회복에서 멀어지는 것이다.

이처럼 한국 교회의 회복과 성장은 모두의 몫이기도 하지만, 일차적으로는 교회 지도자들의 몫이자 책임이라 할 수 있다. 따라서 목회자가 먼저 각성해야 하고 회복을 위한 구체적인 방향을 찾아야 한다. 한국 교회의 회복과 성장을 위한 다양한 노력이 왜 목회자들에게 우선적으로 요구되는지를 잊지 말자.

1.

어떻게 설교할 것인가?

이 시대에 필요한 설교를 위해

코로나19 이후로 온라인 예배가 강화되면서 매우 중요한 요소가 되어 버린 설교, 어떻게 해야 더 잘할 수 있을까? 앞에서는 성경과 성령을 중심으로 한 원론적인 사실과 그에 따른 인터뷰 내용을 다루었다면, 여기서는 보다 구체적인 조언을 정리해 보고자 한다.

사실 설교를 잘하는 방법에 대해서는 너무나 많은 이론과 조언이 공유되고 있다. 유튜브 채널의 다변화로 검색만 해도 수많은 설교팁이 쏟아져 나오고 있다. 그런 점에서 지금부터 다룰 설교 잘하는 방법은 지금까지 나온 수많은 방법 중 하나에 불과할지도 모르겠다. 실제로 놀라운 설교 방법을 연구해

온 분들이 많다. 나는 이 책에서 그렇게 많은 설교 방법을 평가하거나 비판할 생각은 없다. 모두 나름대로 소중한 가치를 가지고 있다고 생각한다. 다만, 많은 목회자들이 '간단하면서도 분명한 방법'으로 설교를 잘할 수 있기를 바라는 마음에서 '간단하지만 실질적인 도움'이 되는 결정적인 대안으로서 설교 방법을 정리해 보고자 한다.

나는 내가 설교학 학위 과정에서 배우고 연구해 온 것들과 교회성장연구소를 통해 만난 수많은 설교자들에게서 얻은 데이터와 통찰을 중심으로 구조화를 시도하였다. 이 구조는 꽤 간단해 보이지만 이 시대에 꼭 필요한 설교 방법을 하나로 집약했다고 보아도 무방할 것이다.

아는 만큼 설교할 수 있다

◇ 특정 세계를 알리려면 그 세계의 역사, 언어, 문화를 알아야 한다

미국이라는 나라에 여행을 간다고 생각해 보자. 무엇을 준비해야 할까? 누군가는 돈만 준비하면 다 된다고 생각할지 모른다. 하지만 의미 있는 여행을 하기 위해서는 미리 알아 둘 것이 있다.

일단 언어를 알아야 한다. 기본적인 소통을 위해서라도 필수 대화 및 단어들을 익혀 두어야 한다. 물론 몰라도 큰일 나는 것은 아니다. 하지만 알면 더 유익하게 여행을 즐길 수 있다.

다음으로 문화를 이해해야 한다. 오해의 소지가 될 만한 문화들을 미리 알아 두면 갈등이 될 만한 상황을 줄일 수 있고, 현지인들과도 더 즐거운 시간을 보낼 수 있다. 또한 알찬 경험을 더 많이 쌓을 수 있다.

또한 역사를 알아야 한다. 역사를 모른다고 여행이 금지되는 것은 아니지만, 일단 알고 가면 보는 것이 달라진다. 똑같은 건물을 보더라도 역사를 아는 사람과 모르는 사람이 느끼는 것은 천지 차이로 다르다.

이렇듯 어떤 세계를 제대로 알려면 역사, 언어, 문화를 바로 알아야 한다. 모른다고 해서 큰일 나는 것은 아니지만, 일단 알면 그 가치는 상상을 초월할 정도로 크다. 이제 이 내용을 설교에 적용해 보도록 할 것이다.

◇ 설교자가 파고들어야 할 네 가지 세계

우리가 알아야 할 세계는 총 네 가지다. 첫째는 성경의 세계, 둘째는 오늘날이라는 세계, 셋째는 사역 현장의 특수한 세계, 넷째는 설교자의 세계다. 이 네 가지 세계는 하나의 구조 안에서 유기적으로 연관되어 있다. 다리를 통해 하나로 관통되는 것이다.

아마 성경과 오늘날의 세계를 연구하고 파악해야 한다는 사실은 흔히 접하는 이야기일 수도 있다. 실제로 '설교를 잘하려면 과거(성경 시대)와 현재(오늘날의 우리)를 잘 연결해야 한다'는 원리를 자주 이야기하곤 한다.

그런데 여기서는 특별히 사역 현장과 설교자의 세계가 더 추가되고 있다. 이전까지 이 두 가지가 두 번째에 해당하는 '오늘날의 세계'에 포함되었을지 모르나 여기서는 이것을 따로 구분하려고 한다. 분명한 것은 두 가지 세계가 더해진 만큼 우리는 하나님의 음성을 보다 세밀하고도 분명하게 듣고 적용해 나갈 수 있다는 사실이다.

이제 네 가지 세계를 하나씩 살펴보자. 세계별로 역사, 언어, 문화를 어떻게 살피고 이해해야 할지를 구체적으로 들여다보자.

네 가지 세계 속으로

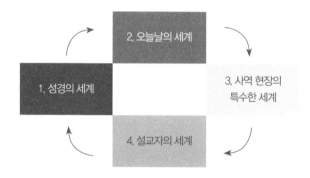

〈설교를 위해 다리로 연결되어야 할 네 가지 세계〉

1) 첫 번째, 성경의 세계를 이해하라

성경의 세계를 이해한다는 것은 좋은 설교를 위한 당연한

조건이다. 성경의 배경을 이해하는 것은 설교에 있어 기본 중의 기본이다. 여기서는 앞서 제시한 세 가지 요소, 역사, 언어, 문화를 따라 정리해 볼 것이다.

◇ 역사를 알아야 역사 안에서 역사하시는 하나님을 알 수 있다

먼저 역사를 알아야 한다. 가령, 예언서 설교를 하기 위해서는 포로기 당시의 상황을 알아야 한다. 뿐만 아니라 이스라엘 주변 나라들의 역사도 알면 좋다. 그럴 때 하나님의 구원 역사 속에 등장한 사건들이 분명하게 이해된다. 역사를 알 때 그 역사 안에서 역사하시는 하나님의 위대한 사랑이 더 생생하게 다가올 수 있다.

◇ 원어를 통해 성경 언어의 본래 의미를 확인하라

다음으로 언어를 알아야 한다. 구약성경에서 사용된 히브리어와 아람어(다니엘서의 경우) 그리고 신약성경에서 사용된 헬라어(희랍어)는 성경이 전하는 메시지를 근원적으로 이해하는 데 도움이 된다. 간혹 한글성경으로는 의미 전달이 잘 안 될 경우, 영어성경을 통해 의미를 파악하는 경우가 있다. 물론 이것도 좋은 방법이 될 수 있지만 가급적 원어를 통해 본래 의미를 파악하는 것이 중요하다.

◇ 원어가 가진 문법적인 요소들도 설교의 가치를 높일 수 있다

특히 원어를 통해 단어의 깊은 의미, 본래의 의미만을 살펴

보려고 하는 목회자들이 많은데 사실은 이게 전부가 아니다. 원어의 문법적인 요소들을 통해서 파악되는 메시지는 더 큰 은혜를 가져다준다. 가령, 한글성경으로는 절대로 알 수 없는 문법적 요소들이 원어 성경을 통해서 드러나는 경우가 있다. 대표적으로 능동태와 수동태 사이에 해당하는 '중간태'는 헬라어 문법에서만 등장한다. (중간태에는 다양한 용법이 있지만, 대표적으로 '자신의 의지대로 어떤 행동을 했는데, 그 행동의 결과가 자신에게로 돌아오는 차원'이라고 생각하면 되겠다).

이처럼 한글성경으로는 표현이 어려운 문법적 깊이를 헬라어 성경을 통해서 보다 분명히 확인할 수 있는 요소들이 있다. 단, 이런 차이가 있다고 해서 한글성경에 대해 회의를 느껴서는 안 된다. 한글이라는 특성상 헬라어 문법의 묘미를 그대로 담지 못하는 것일 뿐, 한글성경도 그 자체로 하나님의 존귀한 말씀임을 기억해야 한다. 다만, 언어적 차이를 통해 하나님이 더 깊이 있는 설교를 할 수 있는 기회를 열어 주신다고 생각하면 되겠다.

◇ 당시 문화를 알면 메시지를 곡해할 위험에서 벗어날 수 있다

이어서 문화에 대해 살펴보도록 하겠다. 문화적 배경 역시 성경의 메시지가 전하는 본래 의도를 파악하는 데 중요한 도움이 된다. 마태복음 5장 39절의 "네 오른편 뺨을 치거든 왼편도 돌려 대며"라는 말씀은 흔히 자신을 공격한 자에게 순응하라는 메시지로 이해될 때가 많다. 그러나 당시 배경을 알면 전혀

다른 메시지로 풀이할 수 있다. 당시 왼뺨을 치는 것은 공격을 의미하는 것이었지만, 오른뺨을 치는 것은 '저리 치워' 하는 무시의 의미였다. 실제로 마주본 상태에서 상대의 오른뺨을 치면 이해가 빠를 것이다. (정말로 공격하려면 오른손으로 왼뺨을 칠 수밖에 없다.) 그러므로 이 상황에서 다시 왼뺨을 대라는 것은 한 대 더 맞으라는 것이 아니라, 무시당하지 말고 당당하게 나의 권리를 드러내라는 의미가 된다.

또한 40절에서 "속옷을 가지고자 하는 자에게 겉옷까지도 가지게 하며"라는 말씀은 속옷을 필요로 하는 자가 불쌍하니 겉옷까지 내주라는 의미로만 볼 수 없다. 당시 겉옷을 가져간다는 것은 신분을 빼앗은 것을 의미하기 때문이다. 결국 이 본문은 누군가가 신분을 뺏어 간다고 해도 이웃을 사랑하라는 뜻으로 받아들여야 한다.

이처럼 당시 문화를 바로 이해해야 성경이 전하는 본래의 메시지를 잘 이해할 수 있다. 오늘날에도 특정 제스처가 어떤 나라에서는 반가운 표시이지만 어떤 나라에서는 욕설이 되기도 한다. 문화를 이해하지 못하면 본래 의도를 곡해할 수 있는 것이다. 성경도 메시지를 제대로 이해하려면 역사, 언어는 물론 문화를 바로 알아야 한다. 하나님의 메시지를 곡해하지 않고 전해야 할 설교자라면 더더욱 그래야 한다.

2) 두 번째, 오늘날의 세계를 이해하라
아무리 좋은 요리사가 좋은 도구로 요리를 한다고 해도 본래 재료가 신선하지 못하면 요리를 망칠 수밖에 없다. 그만큼 요리에 있어 기본은 신선한 재료다. 어쩌면 성경의 세계를 바로 이해하는 것은 원재료를 제대로 확보하는 것이라고 볼 수 있다.

제대로 된 원재료가 준비되었다면 다음으로 어떤 부분으로 연결되어야 할까? 바로 오늘날의 세계로 다리가 연결되어야 한다. 성경의 세계가 오늘날의 세계로 찾아올 수 있도록 설교 자의 탐구가 이어져야 하는 것이다. 마찬가지로 역사, 언어, 문화를 이해해야 오늘날로 다리를 놓을 수 있다.

◇ 오늘날의 역사를 발견하라

우선 오늘날은 성경 시대와는 완전히 다르다. 오늘날은 종교다원주의와 포스트모던이 혼재된 혼란의 시대이며, 윤리와 도덕이 실종하고 성윤리가 문란해진 시대다. 물론 이전에도 이런 경향이 있었지만 오늘날은 윤리의 파괴가 합당한 것으로 여겨질 정도라 더욱 문제가 되고 있다.[6]

그런 만큼 설교자의 역할이 매우 중요하다. 무조건 성경 말씀을 믿으라고 강요해선 통하지 않는다. 혼란스러운 가치관과 기준 속에서도 하나님의 음성이 새겨지고 진리가 바로 세워지도록 오늘이라는 역사에 수반된 가치들을 바로 이해해야 한다.

PART 4. 교회, 이제는 도약할 때

---

6) 방동섭, "포스트모더니즘과 선교신학적 접근", 《한국개혁신학회》(1997) 2권 1호, 140-162.

◇ 오늘날의 언어와 문화를 도외시해서는 안 된다

언어와 문화도 마찬가지다. 내 언어와 문화를 고집하지 말고 오늘날의 언어와 오늘날의 문화를 적극적으로 알아 가야 한다. 세상 언어와 세상 문화와는 단절해야 한다며 성경책만 들여다보는 것은 설교자의 바른 자세가 아니다.

가령, 오늘날 40대들은 '부모님이 부모님을 모시고 산 것을 본 마지막 세대'라고 할 수 있다. 그래서 40대 이상에서는 부모님을 모시는 것에 대해 거부감이 크게 없지만, 그 아래 세대인 20, 30대는 확연히 다른 반응을 보인다. 따라서 40대에게 통하던 윤리관과 가치관을 동일하게 20~30대에게 요구할 수가 없다. 부모님을 모실 의향이 없다는 오늘날의 20, 30대들에게 '어른을 공경할 줄 모른다'고 나무랄 수 없는 것이다. 시대에 따라 문화가 바뀌기 때문에 적용하는 것도, 가르치는 것도 달라야만 한다. 이처럼 '오늘날'이라는 배경에 맞게 적용할 수 있도록 토대를 마련한 후에, 앞서 이해한 성경의 세계를 접목해야 한다.

3) 세 번째, 사역 현장의 특수한 세계를 이해하라

◇ 오늘날의 세계를 이해하는 것으로 끝나서는 안 된다

처음에도 언급했듯이, 많은 설교자가 첫 번째와 두 번째 세계를 이해해야 한다는 데는 동의할 것이다. 그러나 오늘날의 세계를 이해하는 것과 사역 현장의 세계를 이해하는 것을 굳이 구분하는 데는 동의하지 않을 수 있다. 하지만 여기서 분명히 알아야 한다. 오늘날의 세계를 이해하는 것과 사역 현장의 세계를 이해하는 것은 완전히 다르다. 비슷해 보이지만 미묘한 차이가 있다. 그렇기에 사역 현장의 특수한 세계도 반드시 파악해야 한다.

가령, 오늘날의 청소년을 이해하는 것과 사역 현장에서 만나는 청소년들을 이해하는 것은 완전히 다르다. 즉 오늘날의 청소년만이 아니라 '우리 교회에 다니는 청소년'에 대한 이해가 철저히 수반된 설교를 해야 하는 것이다. (가령, 오늘날의 청소년들은 물질을 마음대로 쓰는 경향이 있지만 교회의 청소년들은 가난해서 물질을 제대로 쓰지 못할 수 있다. 그런 청소년들에게 검소함을 강조하는 설교를 할 필요가 있을까? 쓰고 싶어도 못 쓰는 아이들에게 그런 설교를 한다면 오히려 상처만 줄 수 있다.)

◇ 청소년부에서 설교하려면 청소년으로 성육신하라

사역 현장의 특수한 세계를 이해하는 것과 관련하여 더 많은 고민을 담아야 할 대상이 다음 세대다. 그런 까닭에 성육신의 과정이 필요하다. 곧 초등부에서 설교하려면 초등학생으로 성육신을 함으로써 그 아이들만의 세계로 들어가야 한다. 중등부에서 설교하려면 중학생으로 성육신함으로써 그 아이들만의 세계로 들어가야 한다. 번거롭고 힘들다 해도, 반드시 이 과정이 뒤따라야 한다. 또한 필요에 따라서는 동영상, PPT와 같은 시각적 자료도 준비해야 한다.

참고로 다가올 N세대를 대상으로 무엇인가를 가르치기 위해선 PANTS라는 원리가 제시되고 있다.[7] 곧 'N세대를 가르치려면 PANTS를 기억하라'는 것이다. 이것을 교회 교육에 적용하면 다음과 같다.

먼저 P는 Personal(개인주의적)의 약자다. 요새는 예배 시간에 떠들어도 야단을 못 친다. 설교가 길다고 나가는 것도 붙잡지 못한다. 이런 개인주의적인 성향의 아이들에게 무조건 혼낸다면 어떨까? 중요한 것은 본질적인 메시지를 그들에게 전하는 것인 만큼, 그들의 개인주의적 성향도 존중해 주어야 한다.

두 번째로 A는 Amusement(흥미, 재미)다. 사역 현장의 특수 상황을 연구한 후 그들이 좋아하는 언어로 설교해야 한다. 단, 본문과 연계되어야지, 그냥 재미만을 추구해선 안 된다. 설교자는 개그맨이 아니기 때문이다. 간혹 웃기는 것 자체만을 위해 노력하는 설교자들이 있는데 이런 모습은 본질을 망각한 것이기에 주의해야 한다.

세 번째로 N은 Natural(자연스러운)이다. 엄숙한 분위기, 공식적인 예배의 분위기는 오늘날 통하지 않는다. 최대한 자연스럽게 하나님을 찬양할 수 있게 하는 것, 최대한 자연스럽게 하나님의 말씀을 접하게 하는 것이 그들이 하나님을 만날 수 있는 방법이다.

네 번째로 T는 Trans Border(경계가 사라짐)의 약자다. 요즘 들어 성별의 구분뿐만 아니라, 다양한 영역에서 경계가 사라지고

7) 이동연,《문화부족의 사회》(서울: 책세상, 2005)

있다. 그만큼 선입견이 철저하게 배제된 설교가 필요하다.

다섯 번째로 S는 Self Love(자기애)의 약자다. 자신을 사랑하는 것은 이기적인 것으로 비춰질 수 있다. 그러나 남에게 피해를 주지 않는 한 자신을 사랑하는 것은 오히려 권장할 일이다. 자신을 사랑하는 것이 이웃을 사랑할 동력이 되기 때문이다. 따라서 새 계명의 두 가지를 연결하는 것이 바로 자신을 사랑하는 것임을 기억하며, 자기애가 강한 성향을 잘 활용해야 한다.

위 내용은 N세대를 겨냥한 것이긴 하지만 성인에게도 그 원리는 그대로 적용된다. 이러한 요소들을 기억하며 십자가의 진리, 복음의 본질적인 메시지는 지키되 청중에게 가까이 다가서는 방법을 끊임없이 찾아내야 한다. 청중 안으로 들어가기 위해 고군분투하는 모습이 진리를 전하기 위해 몸부림치는 거룩한 모습이다.

4) 네 번째, 설교자의 세계를 이해하라

자신을 알지 못하면 건강한 설교를 할 수 없다. 내가 먼저 하나님의 사랑을 충분히 경험해야 하고, 내가 먼저 하나님의 세계 안에 들어가야 한다. 그리고 그것을 메시지로 녹여 내야 한다. 어떤 맛있는 음식을 먹어 본 사람은 그 맛을 알기 때문에 너무나 자연스럽고도 진실하게 그 음식의 가치를 전할 수 있다. 그러나 먹어 보지 않고 전하는 사람은 진심이 전해지지 않는다. 하물며 생명의 말씀은 어떠하겠는가? 설교자가 먼저 말씀에 흠뻑 빠져야 열정과 진심을 담아 전할 수 있다.

설교학에서도 이 부분은 오늘날 더욱 강조되고 있다. 특히 설교자가 설교를 잘하려면 설교자의 바른 삶이 전제되어야 한다. 그만큼 설교자 자신이 하나님 앞에 바로 서야 하고 이를 위해서는 설교자 자신에 대한 역사와 언어, 문화를 바로 알아야 한다. 내가 지금 여기 서 있기까지 하나님의 인도하심을 바로 알아야 하고 나의 언어적 습관(살려야 할 부분, 고쳐야 할 부분)들도 파악해야 하며 하나님의 언어가 청중의 언어로 전환되도록 내 언어가 중간 다리가 되어야 한다.

또한 내가 하나님의 말씀을 온전히 받아들일 수 있는 문화 속에 있는지도 잘 알아야 한다. 사실 설교자임에도 불구하고 상황에 따라 특정 말씀은 잘 못 받아들일 수 있다. 가령, 도무지 용서 못할 사람이 있다면, 그 순간만큼은 원수를 사랑하라는 메시지를 받아들이기 힘들다. 또한 권위적인 성향의 목회자라면 낮아지고 섬기라는 말씀이 부담스러울 수 있다. 그런 요소들이 있다면 하나님 앞에 내려놓고 온전히 회복되기를 기대해야 한다. 자신의 문화가 하나님의 말씀을 그대로 흡수할 수 있을 때 정직하고 진정성 있는 설교를 할 수 있다.

5) 설교, 한마디로 정리해 보자

지금까지 네 가지 세계를 중심으로 설교자가 무엇을 이해하고 살펴보아야 하는지에 대해 정리해 보았다. 이제 이 내용들을 중심으로 설교의 정의를 내려보고자 한다.

가장 간략하게 정리하면 이렇다.

"준비된 설교자가(S-주어)

성경의 말씀을(O-목적어)

오늘의 상황에 맞게(adv-부사1)

사역 현장에 맞게 이해할 수 있도록(adv-부사2)

증거하는 것이 설교다(V-서술어)."

조금 더 학문적으로 정리해 보면 다음과 같다.

"설교란,

설교자가 준비된 마음으로 역사적 관점,

언어적 관점, 문화적 관점에 따라

고대 세계의 성경과 오늘날의 세계를 다리로 연결하고

(or 오늘날의 사람들이 알아들을 수 있게 하고)

사역 현장의 특수한 세계에서 설교를 듣는 사람들이

적용할 수 있도록

말씀을 설명해 주는 것이다."

설교, 어떻게 준비할 것인가?

이제 설교를 준비하는 구체적인 방법에 대해 소개해 보고자 한다. 앞서 설교를 준비하기 위해 이해해야 할 다양한 세계에 대해 알아봤지만 막상 현실에 돌아와서는 무엇부터 할지 막막할 수 있기 때문이다.

보통 설교를 잘한다고 소문 난 목사님들 중에는 6개월치, 1년치 설교를 미리 준비해 놓기도 한다. 가령, 김병삼 목사님은 11개월치 설교를 미리 준비해 놓고 안희묵 목사님은 6개월치 설교를 미리 준비해 놓는다고 한다. 이처럼 미리 설교를 준비해 놓는 것만큼 좋은 방법도 없다. 그러나 이것이 현실적으로 어려운 분들이 많을 것이다. 그래서 보다 현실적으로 설교를 준비할 수 있는 방법을 정리해 보았다.

1) A4용지 열두 장을 준비하라

설교 원고를 다 준비해 놓을 수는 없지만 적어도 계획은 잡을 수 있다. A4용지 열두 장을 준비해서 장마다 달별 키워드를 적어 본다. 우리 교회가 올 한 해 지향하는 것들과 월별로 중요한 절기와 특성을 중심으로 정리해 보는 것이다.

가령, 1월은 신년이니까 새로운 시작과 관련된 주제, 3월은 사순절, 5월은 가정에 대한 주제를 적을 수 있다. 여기에 본문까지 미리 정해 두면 더 좋을 것이다. 적어도 주제가 있다면, 본문을 마음에 두고 묵상할 시간이 더 많이 확보되기 때문이다.

2) PSB를 기억하라

설교학에서 다뤄지는 PSB를 소개하겠다. PSB에서 'P'는 'Plan'의 약자다. 곧 미리 계획을 세우라는 것이다. 다음으로 'S'는 'Subject'의 약자로 주제를 잡아 놓으라는 것이다. 예컨대, 사랑이라는 주제를 잡았다면 본문(가령, 고전 13장)을 선정하기가 유리하다. 마지막으로 'B'는 'Bible'의 약자인데 이것이 사실상 가장 중요한 부분이다. 이것은 평상시에 성경을 읽다가 뜨거워지는 부분을 정리해 두는 것이다.

적어도 내가 눈물을 흘리면 성도도 울게 된다. 마찬가지로 내가 웃으면 성도들도 웃는다. 곧 내가 받은 은혜만큼 성도들도 은혜를 받는다. 그러려면 먼저 내가 성경 말씀을 통해 뜨거워져야 하고 그것을 설교로 연결시켜야 한다.

3) 주일 설교는 주일부터!

◇ 주일은 본문을 정하고 묵상하는 날

주일 설교가 끝났다. 아마 긴장도 풀리고 마음의 여유도 생길 것이다. 그런데 바로 이 순간이 설교자가 다음 주 설교 준비를 하기 시작할 때다. 곧 주일 설교는 주일부터인 셈이다. 설교자는 그 순간부터 본문을 읽기 시작해야 한다. 특정 본문을 묵상하다 하나님이 뜨거운 감동을 주시면 그것을 메모해 놓는 것이다.

◇ 월요일은 묵상한 내용을 정리하고 되새기는 날

월요일이 되면 구체적으로 묵상한 것을 적어 놓는다. 적다 보면 50가지도 나올 수 있다. 물론 적게는 5가지밖에 안 나올 수도 있지만 상관없다. 수에 상관없이 적어 두도록 한다. 그런 다음 묵상 내용을 곱씹는다.

◇ 화요일은 주석서를 통해 검증하는 날

화요일에는 주석서를 보면서 신학적으로 조명해 본다. 반드시 묵상을 먼저한 후에 주석서를 보아야 한다. 묵상 없이 주석을 바로 보면 남이 한 설교를 따라 하기 쉽다. 그러므로 먼저 묵상하고 나서 그 묵상 내용이 신학적으로 틀리지 않았는지 확인하기 위해 주석서를 보아야 한다.

◇ 수요일은 개요를 잡는 날

수요일에는 확보된 소스들을 중심으로 뼈대를 잡는다. 전체 개요를 잡는 것이다.

◇ 목요일은 예화를 더하는 날

목요일에는 설교를 풍성히 해주고 이해를 도울 예화를 넣도록 한다. 이때 반드시 본문을 뒷받침해 줄 예화가 마련되어야 한다. 단순히 재미, 흥미만을 추구해서는 안 된다.

◇ 금요일은 설교 원고를 완성하는 날

금요일에는 원고를 완성한다. 앞서 소개한 네 가지 세계를 왔다 갔다 하면서 탈고해야 한다. 아현동에 있는 대형교회 목사님은 탈고 직전에 일부러 시장에 가서 물건 값도 물어보고 흥정도 한다고 한다. 서민들의 삶의 자리를 배우는 것이다. 그런 다음 최종적으로 탈고를 한다고 한다. 그야말로 사역 현장의 특수 상황을 반영하려는 노력이라 할 수 있겠다.

◇ 토요일은 설교 원고를 완벽히 숙지하는 날

마지막으로 토요일에는 십자가 아래 바짝 엎드리는 날이다. 지금까지의 노력이 인간적인 노력이 되지 않도록, 하나님의 은혜가 깃들도록 겸손히 엎드려야 하는 것이다. 이와 더불어 원고를 60번씩 읽어야 한다. 그러면 설교 강단에서 원고를 읽지 않아도 되기 때문이다. 그야말로 청중을 보면서 그들과 호흡할 수 있게 되는 것이다(이미 내용이 숙지되어 있기 때문이다). 특히 설교의 고수들은 이것을 요약하여 요약본 한두 장만 들고 간다. 이동원 목사님이 대표적인 예다. 만약 60번 정도 읽었다면 충분히 가능할 것이다.

한편, 이를 위해 평소에 설교를 한두 장으로 요약하는 훈련이 필요하다. 나 역시 설교학 수업을 할 때 석사과정에 있는 학생들에게 이 부분을 지속적으로 훈련시킨다.

<설교자의 일주일>

주일	월요일	화요일	수요일	목요일	금요일	토요일
• 본문 정하기 • 묵상하기	• 묵상 내용 정리하기 • 정리한 것 되새기기	• 주석서를 통해 검증하기	• 개요를 잡기	• 예화를 더하기	• 설교 원고 완성하기	• 하나님의 은혜 구하기 • 완벽히 숙지하기

◇ 설교자에게 쉬는 날은 없다

이처럼 일주일 내내 설교 한 편을 위해 몸부림쳐야 한다. 한 마디로 설교자에게는 쉬는 날이 없다. 영혼을 살리는 일인 만큼, 한순간도 방심해서는 안 된다. 나의 이번 설교에 영혼의 생사가 달렸다고 생각해야 한다. 설교자에게 설교는 평생 짊어져야 할 거룩한 짐이다.

이렇듯, 네 가지 세계에 대한 이해를 충분히 반영하고, 설교를 위해 단 하루도 쉬지 않으며, 온전한 하나님의 은혜를 구한다면 그 설교는 성도들의 마음을 두드리고 파고들 수밖에 없다. 갈급한 영혼을 소생시키는 시원한 생수가 될 수밖에 없다. 그리고 그런 설교가 전해지는 교회는 건강해지고 성장할 수밖에 없다.

2.

어떻게 지역 사회를
섬길 것인가?

대안은 선교적 교회에 있다

코로나19는 비본질적인 것들이 본질적인 것들을 넘어서던 과거의 사역 현장을 정화하는 계기가 되었다. 대표적으로 가시적인 성과와 물량주의에 치중하던 해외선교가 개선되고 있다. 그동안은 얼마나 큰 건물을 짓는지, 얼마나 많은 사람을 모으는지, 얼마나 큰 선교사업장을 여는지가 중요하게 고려될 때가 많았다. 그 결과 가시적이고 외형적인 부분들이 선교의 열매를 가늠하는 기준이 되기도 했다.

그러나 코로나19로 인해 비본질적인 것들이 아닌 복음과 사랑 그 자체에 집중하기 시작했다. 다양한 사역지에서 활동하는 사역자들 또한 질적인 성장과 성숙에 집중하기 시작했다. 한국 교회 역시 코로나19로 인해 교회가 정말로 지역 사회를 위해 해야 할 일이 무엇인지에 대해 질문하고 고민하기 시작했다.

교회에는 두 종류가 있다. 모이는 교회와 흩어지는 교회다. 모이는 교회는 교회 공동체가 함께 모여 예배하고 양육과 교제를 하는 것을 말한다. 흩어지는 교회는 세상으로 나가 곳곳에 하나님을 찬양할 공간을 마련하고 하나님께 영광과 경배를 하는 것을 말한다. 외형적인 교회 건물이 없더라도 구원과 사랑의 역사가 펼쳐지는 곳이라면 흩어지는 교회로서 그 기능을 감당하고 있는 것이다.

그런데 지역 사회를 향한 섬김이 지엽적인 접근이 되지 않게 하려면 교회의 방향 자체를 새롭게 설정해야 한다. 그것이 바로 선교적 교회다. 선교적 교회로서 비전을 선포하는 순간, 지역 사회를 향한 섬김이 강조될 수밖에 없다. 어쩌다 치르는 특별 이벤트가 아니라 일상이자 삶으로 받아들여질 수 있다. 분명 선교적 교회로서 본질을 지키는 것은 코로나19가 가져온 위기에 대처하는 중요한 대안이 된다.

선교적 교회가 추구하는 공동체성에 주목하라

1) 선교적 교회가 말하는 공동체성

하나님이 원하시는 신앙의 모습은 '나 혼자 복받고 잘 사는 것'이 아니다. 받은 사랑을 마음껏 나누면서 섬기는 사람으로 새롭게 세워지는 것이 하나님이 원하시는 '자녀 된 자'의 모습이다.

그러므로 교회 안에서 공동체성을 배우고 서로 섬기는 경험을 하는 것은 신앙의 부수적인 요소가 아닌 핵심이다. 더 나아가 이것이 수반되지 않는다면 진정한 신앙이라고 할 수 없다. 실제로 예수님은 서로 사랑하는 것이 예수님의 제자 됨을 증거하는 것이라고 말씀하셨다.

> 새 계명을 너희에게 주노니 서로 사랑하라 내가 너희를 사랑한 것같이 너희도 서로 사랑하라 너희가 서로 사랑하면 이로써 모든 사람이 너희가 내 제자인 줄 알리라(요 13:34-35).

이를 통해 살펴볼 때 우리는 세상을 살아가는 성도들로 하여금 어떻게 진정한 공동체를 경험하게 할 것인지에 관심을 가져야 한다. 그 공동체적 경험이 세상을 섬기는 길로 전환되기 위한 방안을 깊이 고민해야 한다.

2) 예수 안에 거하는 사회적 실재로서 선교적 공동체

스탠리 하우어워스(Stanley Hauerwas)는 "폭력이 난무하는 세상에서 평화를 실현"하고, "경쟁에 찌든 사회에 샬롬을 구현"하며, "회의주의와 거친 사랑이 요동치는 문화 속에서 신실한 사랑을 드러낼 수 있는 용기와 실천적 삶"이 그리스도인에게 매우 중요하다고 말한다. 동시에 이것을 교회의 진정한 역할이라고 전한다. 즉 교회가 예수님이 거하시는 교회라면 위험을 감수하고서라도 세상을 바꿔 나갈 수 있어야 한다는 것이다. 바로 이 부분에서, 선교적 공동체의 목적이 더욱 분명해진다. 여기서 데럴 구더(Darrell Guder)의 말을 빌릴 필요가 있는데 그는 "선교적 공동체의 목적은 성령의 능력을 통해 예수 그리스도 안에 거하는 사회적 실재(social reality)로서 새로운 정체성과 비전, 삶의 방식을 통해 급진적 소망의 원천이 되는 것이다"라고 말했다.[8]

따라서 진정한 그리스도의 공동체는 세상으로부터 교회를 지키는 공동체로 남아서는 안 된다. 그러한 수동적 태도를 벗어나 능동적으로 세상을 향해 나아가는 노력을 해야 한다. 즉 복음의 능력이 어떻게 개인과 공동체를 변화시켰는지를 삶을 통해 증거하고 그들이 교회로 돌아오게 할 수 있어야 하는 것이다.

3) 나뉜 것 같지만 하나의 몸인 교회

교회가 진정한 공동체성을 가지려면 지역과 교단을 초월해 하나 됨을 추구해야 한다. 특히 이러한 노력은 교회의 회복을 이끄는 원동력이 된다. 따라서 이러한 목적을 두고 각 교회가 협력하고 동역해야 하며, 궁극적으로 어두운 세상을 그리스도의 복음으로 밝게 바꾸어 나가야 한다.[9] 그리고 이는 결국 개별 교회가 먼저 수행해 나가야 한다. 교회 안에서 이질적인 요소를 뛰어넘어 하나가 되고자 할 때, 교회 간의 진정한 연합을

8) 이상훈, "선교적 공동체"(3), 《위싱리더미디어》(2013) 3월호에서 재인용.

9) 이상훈, "선교적 공동체"(1), 《위싱리더미디어》(2013) 1월호, 40-46.

꾀할 수 있기 때문이다.

한편, 이런 관점에서 모든 교회는 한 교회에서 파생된 지역 교회들로서 기능한다는 인식을 가져야 한다. 그리고 이에 기반을 둔 공동체적 사고를 통해 하나님 나라의 복음을 전해야 한다. 교회 간의 화합을 통해 얻게 된 사랑이 또다시 세상으로 퍼져 나가게 해야 하는 것이다.

섬김에 대한 시각을 조정하라

1) 대상의 변화 : 섬김의 대상을 분명히 하라

최근 세상에서 주목받고 있는 리더십은 섬김의 리더십(Servant Leadership)과 변혁적 리더십(Transformational Leadership)이다. 이처럼 세상도 권위주의를 탈피하려고 노력하고 있다. 그런데 정작 교회는 도리어 지배적이고 독재적인 경향이 강해지고 있다. 따라서 선교적 리더십은 예수님의 삶과 사역에 근거한 섬김의 리더십을 회복해야 할 것을 기본 가치로 삼고 있다.

그런데 선교적 리더십이 말하는 섬김의 리더십이 세상이 말하는 섬김의 리더십과 다른 결정적 차이는 그 섬김의 대상이 하나님이라는 것이다. 즉 섬김을 강조하다가 오히려 사람의 눈을 의식하고 사람의 지배를 받는 것으로 변질되는 것을 선교적 리더십은 경계한다. 철저히 하나님을 향한 섬김에 기반을 두며 이것이 이웃을 향한 사랑으로 발전할 것을 지향한다. 선교적 리더십은 섬김을 강조하는 데 그치지 않고 섬김의 대상을 분명히 함으로써 예수님이 이 땅에서 보여 주신 하나님을 향한 순종을 따르게 한다.

2) 관점의 변화 : 섬김을 위해 리더십의 초점을 바꾸라

선교적 리더십은 초점을 바꾸는 것으로부터 변화를 꾀한다. 일반적으로 세상에서는 리더십의 일차적 관심이 공동의 목표를 효율적으로 달성하는 데 있다. 이를 위해 개인과 조직에만 집중하게 되는데 안타깝게도 교회에서도 이러한 관점이 허용될 때가 많았다.

이제 선교적 교회가 되기 위해서는 리더십의 초점을 나와 우리가 아닌 하나님 나라(Kingdom of God)와 그의 선교(missio dei)에 두어야 한다. 이것은 결국 교회라는 외형적인 형태에 기초한 리더십(church-based leadership)이 아니라 하나님 나라에 기초한 리더십(kingdom-based leadership)으로의 변환을 요구한다.

한편, 이와 같이 초점이 바뀌었다면 그때부터 리더들은 공동체가 능동적으로 하나님의 선교에 참여할 수 있도록 해야 한다(사명적인 차원). 각자의 은사를 발견하며(사역적인 차원), 섬김과 복음으로 세상의 변화를 이끌 수 있는(헌신적인 차원) 문화를 형성해 가야 한다.[10]

---

10) 이상훈, "선교적 리더십"(2),《위십리더미디어》(2013) 7월호

3) 주체의 변화 : 부르심에 철저히 순종하며 나아가라

우리가 선교적 교회를 새로운 이슈로 삼고 관심을 집중하고 있지만, 사실상 선교적 교회가 추구하는 바는 성경이 제시한 본질을 회복하는 데 있다. 선교적 리더십도 마찬가지다. 뭔가 특별하고 새로운 리더십을 개발하는 것이 아니다. 하나님의 말씀에 온전히 순종하고 순종 가운데 사역을 이끄는, 가장 기본적인 리더십을 실천하는 것이다. 다만 그 본질에서 벗어난 사례가 많기 때문에 선교적 리더십이 더 특별하고 어려워 보일 뿐이다.

그러므로 이 본질의 회복을 위해서는 부르심에 철저히 순종해야 하며, 나아가야 할 때와 멈춰야 할 때를 깨닫고, 전해야 할 말씀만 전하는 훈련이 필요하다. 그럴 때 세상의 깊숙한 곳까지 들어가 선교적 리더십을 발휘할 수 있고 세상을 변화시키는 영향력을 가질 수 있다.

선교의 범위를 넓혀라

여기서는 선교의 범위를 조정함에 있어, 선교적 교회가 추구하는 사항을 접목하여 설명해 보겠다.

1) 아직 선교할 세상은 넓다

◇ 'Local'에 머물러 있는 현실을 돌아보자

선교는 범위가 없다. 전 범위가 선교의 범위다. 하지만 언젠가부터 교회는 교회가 나아가야 할 선교의 범위를 스스로 정해 놓고 있다. 하나님의 뜻과 별개로 '우리는 여기까지만 선교하자'면서 범위를 정해 놓는 것이다. 그런데도 자신은 선교의 비전을 강하게 가지고 있다고 착각한다. 이렇게 선교의 대상을 좁게 정해 놓으면 현실 안주의 위험에 빠지기 쉽다. "지금 여기가 좋사오니" 하면서 현실에 안주하고 싶어지는 것이다.

선교의 영역이 좁아지면 하나님이 교회를 통해 이루시고자 하는 바를 깨닫기 어렵다. 결국 부담스러운 선교를 멀리한 채 교회 안에서 자기들끼리 어울리는 것으로 자족하게 된다.

◇ 'World'로 뻗어 나갈 미래를 그리자

예수님이 제자들을 세상으로 보내신 것을 통해 우리는 '파송하시는 하나님'을 배우게 된다. 그리고 선교의 주체는 하나님이심을 확인하게 된다. 그런데 예수님이 제자들을 보내신 세상은 지리적(행 1:8) 차원에서만이 아니라, 인종적(마 28:19-20)이고 세대적(눅 23:28)인 차원의 세상을 포함한다. 따라서 21세기 선교적 교회론은 국내와 국외를 가리지 않고 복음이 필요한 '세상'이면 어디든지 나아가는 것이다. 누구든지, 언제든지 사명을 가지고 나아가는 교회를 강조한다.

실제로 예수님의 중보기도는 제자들은 물론 장차 그들의 거룩한 말과 행실을 통해 주를 믿게 될 사람들을 염두에 둔 것이었다. 결국 교회가 세상을 향해 나아가는 목적은 '우리 밖의 양들'을 우리 안으로 들어오게 하는 것이라 할 수 있다.

> 또 이 우리에 들지 아니한 다른 양들이 내게 있어 내가 인도하여야 할 터이니 그들도 내 음성을 듣고 한 무리가 되어 한 목자에게 있으리라 (요 10:16).

2) 머물지 말고 나가야 한다

◇ 'Inside'에 머물러 있는 현실을 돌아보자

한국 교회의 위기 중 하나는 물량 중심적 사회를 따르고 있다는 것이다. 이 때문에 소수를 무시하는 경향도 나타나게 되었다. 한 영혼을 위한 간절한 헌신이 비효율적이라고 생각하는 것이다. 물론 이것을 쉽게 인정할 교회는 없을 것이다. 많은 교회가 한 영혼을 위해 힘쓰자고 외치고 있기 때문이다. 하지만 현실은 효율성, 생산성에 입각한 교회 운영에 급급하다.

예수님처럼 효율성, 생산성을 포기하고 더 많은 사람을 품고자 할 때, 교회는 현실에 안주하지 않게 된다. 우리 교회만 잘되면 된다는 생각에서도 벗어나게 된다. 행여 손해 보는 것 같더라도 더 많은 영혼을 위해 밖으로 나가려는 노력을 하게 된다.

◇ 'Out' 하는 미래를 그리자

예수님의 사랑은 너무나 넓은 범위를 향하고 있다. 곧 세상 전체가 예수님의 사랑을 받을 대상이다(요 3:16). 이 사랑을 온 세상에 주기 위해 예수님은 이 땅에 오셨고 죽으셨다. 예수님의 놀라운 사랑은 성육신과 공생애, 십자가의 죽음과 부활을 통해 입증되었다.

예수님을 따라 교회는 더 이상 in에 머무르지 않고 out을 지향해야 한다. 특히 한 영혼을 사랑하되 입술로만 전하는 것이 아니라 희생을 수반하는 사명으로 품을 수 있어야 한다. 만약 우리가 이 사역을 감당한다면 우리를 통해 예수님의 사랑은 점점 더 많이 흘러가게 될 것이다. 우리가 곧 그리스도의 사랑이 흘러가는 통로가 되는 것이다.

한편, 예수님은 공생애 기간 내내 하나님 나라의 원리를 가르치셨을 뿐 아니라 자신의 삶을 통해 그것이 어떻게 실현될 수 있는지를 보여 주셨다. 우리도 예수님처럼 우리가 받은 사랑이 이웃에 스며들도록 최선을 다해야 한다. 그리고 이것이 어떤 순간에도 발현될 수 있도록 훈련해야 한다.[11]

11) 이상훈, "선교적 제자도", 《위싶리더미디어》(2013) 3월호

선교적 교회로 나아가려면

1) 선교적 교회에 걸맞은 사역이 있다

◇ 선교적 삶의 패턴을 형성해야 한다

선교적 공동체가 되려면 주일의 삶도 중요하지만 무엇보다 평일의 삶, 곧 일상의 삶이 중요하다. 소마공동체는 이를 위해 선교적 삶의 패턴을 만들었다. 한국 교회 역시 한국적 상황에 맞는 선교적 삶의 패턴을 만들어야 한다. 이때 목회자 생각에 의해 만들어져서는 안 된다. 세상 속에서 일상을 살아내는 성도들이 함께 모여 기도하면서 만들어야 한다. 대면 모임이 어렵다면 온라인을 통해서라도 지속적인 연합기도를 이어 나가야 한다.

◇ 비신자 대상의 사역이 더 넓어져야 한다

교회의 존재 이유와 그 사역은 궁극적으로 세상에 초점을 맞춰야 한다. 특히 교회가 문화적 체질을 바꾸고 창조성을 극대화하는 것은 결국 세상을 위한 선교적 전초기지가 되기 위함이기도 하다. 안타깝게도 오늘날 교회가 잃어버린 영혼을 찾아 구원하는 열정을 상실했기 때문에 세상을 향한 담을 더욱 두텁게 만들고 있다. 이제 이 담을 허물기 위해 다소 파격적이더라도 세상을 향해 마음 문을 여는 시도를 해야 한다. 그리고 이를 위해 우선적으로 잃어버린 영혼에 대한 긍휼과 사랑의 마음을 회복해야 한다.

◇ 지역선교도 해외선교만큼 중요하다

교회에서는 다양한 행사나 프로그램을 진행한다. 그리고 이를 통해 예수님의 제자가 더 많이 세워지기를 기대한다. 이제 교회의 모든 행사나 프로그램은 지역 전체로 파급되도록 해야 한다. 다시 말해 교회가 행사나 연합사역을 중심으로 지역을 섬길 수 있어야 한다. 특히 철저하게 지역 주민과 함께하는 사역을 함으로써 예수님을 증거하고 그들이 스스로 예수님의 제자 되기를 소원하도록 해야 한다.

코로나19로 인해 모임 자체가 어려워짐으로써 보이는 차원에서의 연합이 힘들 수 있다. 그러나 포스트 코로나 시대에는 기존의 모임과 연합을 위한 노력이 조속히 회복되도록 하고, 해외로 나가는 선교만이 선교가 아니라 지역선교도 중요한 선교임을 인식하도록 해야 한다. 그럼으로써 선교적 교회로 향하는 첫 단계로 나아가야 한다. 이웃을 비롯한 내 곁에 있는 사람들에게 하나님의 사랑을 전할 수 있는 사람만이 분명 온 세계에 하나님의 사랑을 전할 사람으로 세워지게 될 것이다.[12]

2) 예수님처럼 이웃을 품어야 한다

◇ 더욱더 의지해야 할 성령의 이끄심

한국 교회는 이제 지배와 조종의 리더십이 아닌 함께 고민하며 세워 가는 변혁적 리더십이 필요하다. 이를 위해 평신도

---

12) 이상훈, 《리 뉴 처치(RE NEW CHURCH), 창조적 사역을 위한 교회 갱신 모델》(서울: 교회성장연구소, 2016).

들의 잠재력과 가능성을 최대한으로 이끌어내야 하며 그들을 사역의 파트너로 삼아야 한다. 이때 성령의 인도하심을 전적으로 의지해야 한다. 인간 중심의 교회 조직과 공동체가 드러내는 한계를 극복할 유일한 대안은 성령님이 중심이 되는 리더십이다. 성령님이 주도하는 리더십은 현실 안주가 아닌 하나님 나라의 역동성을 추구하는 리더십이다. 그리고 철저하게 하나님의 도구로서 존재하기 위해 겸손히 엎드리는 리더십이다. 이것은 성령을 약속하신 예수님의 마지막 지상명령을 따르는 것이기도 하다. 적어도 예수님의 사역을 이어 가려면 성령에 대한 의지는 더욱 강화되어야 한다.

◇ 먼저 이웃을 찾아가야 한다

많은 교회가 지금까지 지역 주민들을 부르고 초청하는 형태로 사역을 진행해 왔다. 그러나 선교적인 교회는 기다리는 사역이 아니라 찾아가는 사역이 되어야 한다. 사람들을 직접 찾아가 그들과 한데 어울림으로써 그리스도의 사랑을 증거하고 그들의 구체적인 필요를 채워 줘야 한다. 예수님을 닮아 가는 사역인 것이다.

이 또한 코로나19 상황에서는 어려움이 있을 수 있다. 하지만 코로나19가 종식된 이후에는 이웃을 먼저 찾아가는 것이 자연스럽게 일상화되어야 한다. 그것이 그리스도인의 삶이 되어야 한다.

3) 지역 사회를 섬기는 제자를 양성해야 한다

◇ 교육과 훈련의 가치는 여전히 중요하다

많은 교회가 훈련 프로그램을 운영하지만 성도를 변화시키지는 못하고 있다. 수동적으로 교육을 답습할 뿐이기 때문이다. 선교적 교회는 성도가 자기 삶의 자리에서 복음을 증거하고 세상에 나간 선교사로 살아가게 해야 한다. 평신도가 세상에 나갔을 때 리더로서 이런 역할을 감당하도록 해야 한다.

◇ 1대 제자, 2대 제자, 3대 제자를 지속적으로 세워야 한다

우리가 말하는 제자도의 핵심 중 하나는 제자가 한 세대에서 끝나지 않는 것이다. 제자는 제자를 세우고 그 제자는 또 다른 제자를 세워야 한다. 앞서 다루었던 것처럼 그렇게 할 때 책임감 있는 제자화가 이루어진다고 할 수 있다.

그런데 제자를 세우는 일은 교회 안에서만 일어나는 것이 아니다. 부름 받은 성도는 한 몸으로 부름 받은 신앙 공동체의 지체들만 섬길 것이 아니라, 믿지 않는 이웃을 향해서도 동일한 섬김을 해야 한다.

◇ 제자화의 범주를 넓혀야 한다

"그러므로 너희는 가서 모든 민족을 제자로 삼아 아버지와 아들과 성령의 이름으로 세례를 베풀고 내가 너희에게 분부한 모든 것을 가르쳐 지키게 하라 볼지어다 내가 세상 끝날까지 너희와 항상 함께 있으리라"(마 28:19-20)는 예수님의 지상명령

은 모든 민족을 제자 삼으라는 것이다. 협소한 영역에서 제자를 양성하고 선교 활동을 하는 것은 예수님의 지상명령대로 살아가는 모습이 아니다. 이제 지역 공동체와 열방 모두를 향한 선교사역이 되어야 한다. 이와 관련하여 데이비드 풋맨(David Footman)은 "오늘 이 시대에 예수의 현존과 능력을 경험하기 원한다면, 교회는 의도적으로, 실천적으로 그리고 전략적으로 이 위대한 사명 앞에 순종해야 한다"고 말했다.[13]

---

13) 이상훈, "선교적 제자도", 《워십리더미디어》(2013) 3월호.

어떻게 일상의 삶을
회복할 것인가?

목회자의 도덕성만 회복돼도
한국 교회의 위상이 달라진다

1) 삶이 중요하다

한국 교회의 위기가 무엇인가에 대해 많은 논의가 진행되고 있다. 어떤 이는 코로나19와 같은 시대적 상황을 탓하는가 하면, 어떤 이는 과거와 다른 성도들을 탓하기도 한다. 또는 대형교회가 구조적인 문제를 노출함으로써 중소형교회에 위기를 가져왔다고 말하기도 한다. 이유야 여러 가지겠지만, 목회자가 우선적으로 생각해야 할 것은 목회자의 윤리성 회복이다. 이것이 가장 숙고해야 할 부분이다.

실제로 기독교윤리실천운동본부가 발표한 '한국 교회의 사회적 신뢰도에 관한 여론조사'에서 한국 교회가 신뢰를 회복하려면 교회 지도자들이 변화되어야 한다는 응답이 21.0%로 집계되었다. 참고로 여론조사에서 응답자들은 한국 교회가 신뢰 회복을 위한 개선점으로 타 종교에 대한 태도(24.0%), 불투명한 재정 사용(22.8%), 교회 지도자들(21.0%), 교회 성장제일주의(14.5%), 교인들의 삶(13.1%) 등을 들었다. 중요한 것은 여기서 불투명한 재정 사용이나 교회 성장제일주의 역시 교회 지도자와 관련된 항목이 될 수 있다는 것이다. 곧 이 세 가지 항목을 합하면 교회 지도자와 관련한 사항이 58.3%나 되기 때문에 한국 교회의 신뢰 회복을 위한 대부분의 과제는 교회 지도자와 관련이 있다고 볼 수 있다.[14]

Part 2에서도 설명했듯이, 아무리 설교가 탁월하고 지역 사회에 많은 헌신을 해도 세 번째 요소로 제시된 삶에서 흔들려 버리면 모든 것이 끝나 버린다. 안타까운 일이지만, 실제로 한국 교회에서 비슷한 사례가 종종 있었다. 우리는 그 과정에서 최고의 인기를 누리던 설교가도 윤리적인 문제에 걸려 버리면 더 이상 설교도 권위를 갖지 못하게 됨을 확인하였다. '그래도 설교는 좋으니까 계속 찾아 들어야지' 이렇게 생각하는 성도는 없기 때문이다.

---

14) 이현웅, "설교, 인격을 통해 전달되는 하나님의 말씀", 《신학과 실천》(2017) 53호, 89-120.

2) 삶의 문제는 회복이 어렵다

◇ 없어야 할 것이 들어가면 문제가 심각해진다

삶의 문제가 중요한 것은 복원이 어렵기 때문이다. 어떤 국에 꼭 들어가야 할 재료가 제대로 들어가지 않아 맛이 잘 나지 않는다고 해보자. 그러면 당장은 맛이 없지만 조금만 노력해도 회복이 가능하다. 해당 재료를 넣으면 되는 것이다.

그러나 절대 들어가서는 안 될 재료가 조금이라도 들어가 버리면 이것은 회복이 불가능하다. 사람이 먹어서는 안 될 액체가 들어갔다거나, 위생상 문제가 있는 내용물이 들어갔다면 그대로 버려야 한다. 있어야 할 것이 없으면 추가하면 되지만, 없어야 할 것이 있으면 큰 문제가 된다. 걷어 낼 수 있는 것이 있는가 하면 이미 뒤섞여 걷어 내는 것 자체가 불가능한 경우가 있다.

목회자의 삶이 그런 위치인지도 모른다. 설교야 부족하면 앞으로 더 열심히 하면 되고, 지역 사회를 위한 섬김도 부족하다 싶으면 앞으로 더 열심히 하면 된다. 그런데 삶에서 문제가 생겨 버리면 그대로 아웃이 된다. 믿지 않는 사람들은 그로 인해 교회를 더 불신하게 된다.

반대로 설교자가 하나님의 말씀을 따라 순종하며 도덕적 생활에 철저하면 세상은 우리를 통해서 하나님의 선하신 뜻과 영광을 보게 된다. 그리고 이런 신실한 삶은 이 세상을 변화시키는 원동력이 된다.[15]

---

15) 계재광, "한국사회에서 교회와 신앙인의 실천에 관한 연구",《신학과 실천》(2015) 47호, 595~627.

◇ 하나님의 자녀로서는 회복할 수 있지만

하나님은 그럼에도 불구하고 기회를 주신다. 잘못을 해도 회복할 기회를 주시고 일으켜 세우신다. 적어도 잘못을 온전히 돌이키는 진정한 회개를 한다면 그대로 버리지 않으신다. 문제는 하나님의 자녀로서의 회복은 가능하지만 설교자, 목회자로서의 회복은 쉽지 않다는 것이다. 하나님은 얼마든지 받아 주시고 품어 주시지만, 성도들이 존경하는 지도자로 다시금 서기에는 어려움이 있다. 회복이 된다고 해도 이전의 위치를 되찾기는 어렵다.

결국 더욱더 조심해야 할 사항이 삶이다. 설교하는 과정에서 실수하는 것, 지역 사회를 섬기다가 실수하는 것과는 차원이 다르기에 더더욱 조심하고 더더욱 경각심을 가져야 한다.

◇ 나의 고백을 나누는 마음으로

따라서 이 장에서는 삶의 문제를 위한 조언들을 조금이나마 나누어 보고자 한다. 그런데 혹여 이것이 '가르치는' 식이 될까 두렵다. 앞서 설교와 지역 사회와 관련해서는 객관적인 정보를 공유하는 것이었지만, 삶의 문제와 관련해서는 내가 이런 부분들을 나열해도 될까 조심스럽다. 그럼에도 서로 좋은 방법을 제안하고 공유하다 보면 새로운 변화가 시작되지 않을까 생각한다. 그렇기에 여기서 제안하는 내용은 삶의 회복을 위한 법칙, 팁, 조언이라기보다는, 내 생각을 나누는 자리라고 생각해 주면 좋겠다. 아니, 인터뷰 과정을 통해서 그리고 지난날 교회 성장연구소의 사역과 나의 사역을 통해서 정리해 본 개인적인 고백 정도로 여겨도 좋을 것 같다.

무엇보다 여기서 다루는 내용은 이미 다른 목회자들도 다 잘 알고 있는 내용일 것이다. 따라서 새로운 내용을 알아 간다기보다 우리가 본래 알았던 사항들을 다시금 상기하고 되짚는 자리라고 여겨 주면 좋겠다. 몰라서 못하는 것이 아닌 만큼 지속적으로 되새기고 점검한다면 성도는 물론 불신자들의 시선이 달라지리라 기대하면서.

코람 데오(CORAM DEO)의 자세는 아무리 강조해도 지나침이 없다

1) 하나님 앞에 부끄럽지 않도록

보통 결과보다 과정이 중요하다는 말을 한다. 어디서나 이 사실은 변함없이 강조되는 사항이다. 그럼에도 지속적으로 강조하는 이유는, 현실에서는 반대로 가는 경우가 많기 때문이다. 과정이 중요하다고는 하지만 현실적으로는 결과를 통해 평가를 받기에, 사람들은 어쩔 수 없이 결과를 위해 정직한 과정을 포기할 때가 많다. 그럼에도 손해를 볼지언정 과정 자체를 중시하는 모습을 포기해서는 안 된다. 적어도 하나님이 다 아시기 때문이다. 당장은 표시가 안 나더라도, 결과로서 열매가 보이지 않는다 할지라도, 하나님이 다 보고 계시기에 과정 하나하나에 정직을 담아야 한다.

이것이 목회자가 고수해야 할 기본적인 삶의 자세다. 뭔가 큰 일을 하고 대단한 헌신을 하기에 앞서, 기본적인 영역에서 정직을 잃지 않고 진실함을 겸비한다면 다른 어떤 상황에서도 하나님 보시기에 부끄럽지 않은 행동을 할 수 있기 때문이다.

이를 위해 필요한 것이 코람데오의 자세다. 언제 어디에서나 하나님 앞에 서 있다는 생각, 지금 이 순간에도 하나님이 보고 계신다는 생각, 이것만 잃지 않아도 진실을 포기할 수 없다. 누군가가 지켜보는 상황에서는 그릇된 행동을 할 수 없듯이, 하나님이 보고 계신다는 생각만 고수해도 목회자의 삶은 정도(正道)로 이끌어질 수밖에 없다.

2) 투명성 확보를 위해

오늘날 목회자의 돈 문제, 이성 문제 등이 지속적으로 이슈가 되고 있다. '과연 우리 목사님은 교회 재정을 잘 관리하실까?' '혹시 개인적인 용도로 잘못 사용하시는 것은 아닌가?' 성도들은 이런 이슈가 터질 때마다 회의하지 않을 수 없다.

물론 내가 정직하다면 성도들의 시선이 어떠하든 당당할 수 있다. 그러나 경우에 따라서는 성도들의 그런 우려를 불식시켜 줄 필요가 있다. 재정 문제에 있어 투명성을 확보하고 지속적으로 재정 관련 사항을 공개하는 것이 그 예가 될 것이다. 사용 내역을 정확히 기록하고 보고하는 것도 필요하다. 보통 행정실이 있는 교회의 경우 이런 부분이 자동으로 기록되지만, 그런 시스템이 따로 없는 경우에는 나중에 예상치 못한 문제로 불거

질 수 있다.

"나는 하나님 앞에 당당하다"고 아무리 말해 봐야 이미 문제로 보기 시작하면 끝도 없는 논쟁이 되고 만다. 실제로 봉사를 위해 사용했는데 내역을 따로 기록해 두지 않아 목회자 개인 용도로 쓴 것 아니냐는 오해를 받는 경우가 종종 있다. 따라서 수고스럽더라도 정확하고 투명하게 재정을 관리하는 노력이 필요하다. 뿐만 아니라 투명한 재정을 위한 구조적 장치도 필요하다. 가령, 복식 부기, 전문 회계 프로그램 등을 활용할 필요가 있다. 하나님만 아시면 된다는 생각으로 안일하게 처리하지 말고 모두가 수긍할 정도로 객관적인 정리와 체계를 갖추는 것이 필요하다.

성도 사랑이 감동 교회를 만든다

1) 나를 감동시키는 교회는 절대 떠날 수 없다

목회자는 성도들을 감동시키는 것에 흥미를 붙여야 한다. 성도의 행복이 곧 나의 행복이라는 자세로 성도를 섬길 때 성도는 목회자의 진정성을 의심하지 않는다. 성도는 강퍅한 세상에서는 결코 경험할 수 없는 감동을 목회자로부터 받을 때 교회를 떠날 수 없다. 목회자가 주는 감동은 성도를 행복하게 하고, 그런 교회는 성도에게 안식이 될 수밖에 없다.

2) 목회는 곧 양을 사랑하는 것이다

목회는 목자로서의 삶을 살아가는 것이고 목자로서 살아간다는 것은 곧 양을 사랑으로 지키는 것이다. 목자로서 양을 정말로 사랑한다면 두 가지 노력을 수반하게 된다.

◇ 사랑하면 관심도 많다

첫 번째는 관심이 많아진다는 것이다. 이것은 앞에서도 잠시 언급했지만 다시금 강조해 보도록 하겠다. 사실 관심을 갖는 것은 귀찮은 일일 수 있다. 그러나 사랑하면 귀찮지 않다. 반려동물을 키우는 사람은 동물의 털을 치우기 위해 청소를 여러 번 하는 것도, 끼니를 챙기는 것도 행복으로 여긴다. 사랑하니까 귀찮은 일도 즐겁게 할 수 있는 것이다. 하물며 한 영혼을 주님께로 인도하는 목회자라면 어떠해야 하겠는가? 성도는 하나님이 목회자에게 맡겨 주신 양이다. 가장 아껴야 할 존재인 만큼 세세하게 관심을 가져야 하고 그들의 사소한 목소리에도 귀를 기울여야 한다. 관심을 가지면 성도의 필요가 보이고 보이면 채우게 되어 있다. 사랑하지 않으면 성가신 일이지만 사랑하면 그것이 곧 보람이요 감사가 된다.

◇ 사랑하면 사소한 부분도 신경 쓰인다

사랑하면 나의 사소한 부분까지 살피게 된다. 가장 대표적으로 언어 습관을 고치게 된다. 보통 사람들은 '내 언어 습관은 내 고유의 스타일이니 내 마음대로 하겠다'고 주장한다. 그러나 목회자는 다르다. 성도들이 나의 직설적인 언어 습관에 상처를 받는다면 고치기 위해 노력해야 하고 나의 사소한 농담에도 상처를 받는다면 개선해야 한다. 따뜻한 위로의 말을 간절히 기다리는 성도들이 있다면 내가 그런 말을 잘 못하는 사람일지라도 바꾸어 나가야 한다. 사랑한다면, 바꿀 수밖에 없다.

겸손은 인격의 완성이다

1) 성령께 의지하는 것이 가장 빠르고 현명한 방법이다

◇ 성령님은 겸손한 자를 좋아하신다

앞에서 언급했듯이, 삶의 영역은 우리가 완성시키지 못한다. 성령의 인도하심이 절대적으로 필요하다. 연약함을 고백하며 성령의 도우심을 구해야 한다. 성령의 도우심 없이는 실수할 수밖에 없고, 성령님이 피할 길을 주시지 않으면 유혹에 빠질 수밖에 없는 존재가 자신임을 고백해야 한다.

◇ 성령의 열매는 인격의 완성이다

성령을 통해 인격이 성숙해지는 것은 성령의 열매와도 연관된다. 사실상 성령의 열매를 맺는 사람은 성공적인 목회를 할 수 있는 기반을 닦았다고 보아도 된다. 그런데 이 성령의 열매는 내가 맺는 것이 아니라, 성령님이 맺게 하시는 것임을 기억해야 한다. 내가 아무리 온유하고자 해도 한순간에 무너질 수 있다. 모세가 그런 것처럼 나 역시 무너질 수 있다. 곧 성령님이 아니고서는 성령의 열매 중 어느 것 하나도 맺을 수 없음을 기억하자. 그리고 그런 겸손이 삶을 온전하게 한다는 것을 기억하자.

2) 정죄와 비판은 금물이다

성령의 도우심을 받기에 앞서 지켜야 할 것 중 하나는, 정죄와 비판을 하기에 앞서 나부터 돌아보아야 한다는 것이다. 간혹 목회자들 중에 설교 시간에도 정죄와 비판을 일삼는 경우가 많고, 심지어 그것을 정당한 표현으로 여기는 경우도 많다. 마치 공의를 위한 외침인 것처럼. 그러나 정죄와 비판은 오직 하나님의 몫이다. 따라서 비판할 만한 상황이더라도 정죄하기에 앞서 먼저 나부터 돌아보아야 한다. 그들의 모습을 통해 나를 조명해 보고 내가 하나님 앞에 더욱 바로 서는 기회로 삼아야 한다. 그리할 때 하나님은 더 큰 은혜를 주신다.

목회자의 정죄와 비판은 성도의 습관이 될 수 있다. 리더는 그래서 성령 앞에서, 성도 앞에서 나의 언어를 돌아보고 점검해야 한다.

1. 내가 생각하는 좋은 설교란 무엇인가? (어떤 설교를 찾아 듣고, 어떤 설교를 의지하는가?)

2. 목회자와 성도가 함께 코람데오의 자세로 나가기 위해 함께 다짐하면 좋을 실천 강령에는 어떤 것이 있을까?

3. 우리 교회가 선교적 교회가 되기 위해 가장 먼저 갖추어야 할 조건은 무엇이라고 생각하는지, 개인적인 의견을 나누어 보자.

미래
목회 성장
리포트

PART 5

대안이 있어
희망이 있다

나아가기만 하면 도우신다

두 명의 환자가 있다. 같은 병을 앓고 있는 두 환자는 그들의 병을 치료해 줄 수 있다는 한 의사를 소개받았다. 한 환자는 소개받은 즉시 너무 기뻐 의사에게 달려갔다. 몸이 아파 병원까지 가기 힘들었지만 의사의 능력을 신뢰했기에 참고 나아갔다. 의사는 자신을 믿고 나와 준 환자를 극진히 보살폈다. 환자가 너무 힘들어 못 나올 때는 직접 찾아가 왕진을 하는 정성까지 보여 주었다. 그는 의사의 지시를 잘 따랐고 결국 건강한 삶을 되찾을 수 있었다.

또 다른 환자는 소개받은 의사가 왠지 장삿속일 것 같다며 신뢰하지 않았다. 그러면서 시간이 지나면 나을 것이라고 고집을 피우며 집에서 자기 방식대로 관리했다. 결국 단 한 번도 그 의사를 찾아가지 않은 채 버티다가 심각한 지경에 이르게 되었다.

사실 첫 번째 환자가 두 번째 환자보다 더 많은 노력과 정성을 들인 것은 아니다. 첫 번째 환자가 한 것이라고는 신뢰하는 마음으로 의사를 찾아간 것, 의사가 지시한 대로 따른 것밖에 없다. 치료도 의사가 했지 그 환자가 한 것이 아니다. 그는 그냥 앉아서 치료만 받았을 뿐이다. 심지어 컨디션이 안 좋을 때는 의사가 찾아오기까지 했다. 그러나 의사를 신뢰함으로 찾아간 것을 시작으로 그의 몸은 완전히 회복될 수 있었다.

한국 교회도 그동안 고수하던 인간적인 고집과 생각을 완전히 버리고 성령을 의지함으로 나아가기만 하면 된다. 거대한 위기로 읽히는 코로나19의 상황에서도 성령님이 이끄시는 대로 나아가며, 그 지시에 순종하기만 하면 된다. 특히 성령님이 이끄시면, 우리가 조금만 노력해도 예상치 못한 놀라운 변화를 맞게 된다. 반대로 성령을 의지하지 않고 이전의 방식대로만 한다면 현상 유지는커녕 후퇴하게 될 것이다.

겸손함으로 성령의 인도하심에 따르느냐, 그렇지 않느냐가 한국 교회의 미래를 결정할 것이다. 성령의 인도하심에 따르기만 하면, 그다음부터는 전적인 도우심 가운데 회복을 위한 새로운 국면을 맞게 됨을 기억하자. 이제 그런 믿음과 희망을 가지고 앞으로 우리가 나아가야 할 방향을 정리해 보자.

1.

회복을 위한
다섯 가지 요소

　지금까지 설교, 지역 사회, 삶을 각각 조명하며(때로는 유기적인 관계를 조명하며) 포스트 코로나 시대에 한국 교회가 나아가야 할 방향을 정리해 보았다. 이제 마지막으로 전 요소를 아울러 뽑아낸 다섯 가지 포인트를 중심으로 대안을 제시해 보고자 한다. 곧 세 가지 요소 안에 있던 공통적인 원리를 최종적으로 정리하는 것이다.

　그 다섯 가지는 바로 임재(Presence), 양육(People), 권능(Power), 목적(Purpose), 계획(Plan)이다. 한국 교회는 오늘날 교회의 위기를 이겨 내기 위해서 위의 다섯 가지 요소에 집중해야 한다.

　그렇다면 구체적으로 살펴보기에 앞서, 다섯 가지 요소를 어떻게 도출했는지 간략하게 살펴보도록 하겠다. 우선, 전제가 되어야 할 것은 회복과 변화를 위한 원동력이 성령 안에 있다는 것이다. 그리고 이것은 우리의 노력(성령을 의지한 상태에서 더해지는 열정)이 수반될 때 실제가 된다.

성령의 인도하심	우리의 노력
임재(성령의 임재) 권능(성령의 권능) 계획(성령의 계획)	양육(배우고 가르치기 위한 노력) 목적(본래의 목적으로 되돌아가기 위한 노력)

이어서 세 가지 요소(설교, 지역 사회, 삶)가 5P에 해당하는 다섯 가지 요소(임재, 양육, 권능, 목적, 계획)와 어떤 관계에 있는지를 정리해 보도록 하겠다. 물론 세 가지 요소는 5P와 모두 연관이 되겠지만, 보다 직접적으로 연관되는 것을 중심으로 정리하면 다음과 같다.

설교	하나님의 **임재** 안에서 준비되고 전해져야 하며 + **양육**의 기능을 가져야 한다. + 그리고 이 모든 것은 성령의 **계획** 안에서 움직여진다.
지역 사회	**양육**을 통해 지역 사회로 파송될 일꾼들이 세워지며 + 지역 사회에서의 섬김은 이웃 사랑이라는 **목적**을 되찾게 한다. + 그리고 이 모든 것은 성령의 **계획** 안에서 움직여진다.
삶	성령의 **권능**을 통해 변화된 삶이 가능하며 + 리더가 먼저 사랑이라는 **목적**을 회복해야 한다. + 그리고 이 모든 것은 성령의 **계획** 안에서 움직여진다.

이제 다섯 가지 요소(5P)를 하나씩 구체적으로 살펴보도록 하겠다. 그리고 그 안에서 대안을 제시해 보도록 하겠다.

임재(Presence)

오늘날 한국 교회의 성도들은 빠르게 변하고 있는 세상 속에서 좌충우돌, 고군분투하고 있다. 그리스도인으로서 예수님의 향기를 나타내며 살고 싶지만 그렇지 못한 자신의 모습에 안타까워하고 있다. 이처럼 쉽지 않은 형편에도 아름다운 성장을 거듭하는 성도가 되려면 어떻게 해야 할까?

먼저 성장하는 성도는 삶의 예배를 드릴 때마다 성령님의 임재에 집중해야 한다. 물론 이것은 온라인 예배에도 그대로 적용된다. 대면 예배는 물론 온라인 예배 가운데도 하나님은 분명히 임재하신다.

1) 성령님의 임재를 구하는 기쁨이 있는 예배

부흥하고 성장하는 교회의 예배에는 기쁨이 있다. 성도들은 성령의 역사를 사모하는 가운데 하나님을 뜨겁게 체험한다. 그리고 주님의 임재 가운데서 모든 것이 회복되기 시작한다. 그렇게 모든 것을 걸고 하나님의 임재를 구하는 예배는 우리의 유일한 살 길이 된다.

2) 하나님의 임재를 구하는 예배를 향하여

그렇다면 목숨을 걸고 하나님의 임재를 구하는 예배는 어떤 예배인가? 여기서 참고해야 할 것은 단연 성경에 등장한 예배다. 그중에서도 하나님께 제사를 드리던 성막을 통하여 오늘날 드리는 예배를 세 단계로 구분할 수 있는데 각각의 단계를 살펴보면 다음과 같다.

◇ 제단에서의 예배: 죄 사함의 은혜를 통한 절대 긍정의 단계

첫 번째 단계는 제단에서 드리는 예배다. 제단은 성소 앞에 위치하며 사람들은 그 제단으로 나아와 희생제물을 바친 뒤 죄 사함을 구한다. 이후 신약시대에는 예수 그리스도께서 십자가에 못 박혀 스스로 희생제물이 되심으로 우리의 죄를 사해 주셨다.

어느 시대든 제단에서 드리는 예배는 곧 죄 사함을 구하는 예배다. 그리고 진정한 죄 사함이 이루어졌다면 우리는 부정적인 자화상을 물리치게 된다. 하나님의 자녀로 거듭나 성령님과 늘 동행하는 절대 긍정의 자세를 가지게 되는 것이다.

◇ 성소에서의 예배: 성령과 말씀을 통한 절대 감사의 단계

예배의 두 번째 단계는 성소에서 드리는 예배다. 성소는 본래 제사장들의 공간이다. 아무나 들어갈 수 있는 공간이 아니다. 그러나 하나님은 우리 모두를 '왕 같은 제사장'(벧전 2:9)으로 불러 주셨다. 결국 하나님의 깊은 은혜와 성령의 충만함으

로 우리는 두 번째 단계인 성소에서 드리는 예배로 나아갈 수 있다.

첫째, 성소 안에는 어두운 공간을 밝히는 촛대(메노라)가 있다. 중간 기둥을 두고 양 옆으로 각 3개씩, 총 7개의 기둥으로 만들어진 촛대는 서로 연결되어 있다. 그래서 가운데 기둥에 불을 붙이면 나머지 여섯 개의 기둥에 모두 불이 붙는다. 메노라의 가운데 기둥은 바로 예수 그리스도를 의미한다. 우리가 예수 그리스도에게 붙어 있을 때 그리스도의 은혜로 성령 충만한 삶을 살 수 있게 된다.

예배를 통해 성령 충만한 삶을 살게 되면 세상에서 빛을 밝히며 살 수 있다. 곧 빛 가운데 살면 우리는 어둠 가운데 살 때는 볼 수 없던 악한 세력들을 볼 수 있게 된다. 또한 성령 충만함으로 권능을 받아 어둠을 쫓아내며 살아갈 수 있다.

둘째, 진설병이다. 진설병은 곧 하나님의 말씀을 의미한다. 곧 성령 충만한 삶을 통해서 빛을 밝혔다면 진설병 곧 말씀으로 하나님의 뜻을 따라 사는 사람이 되어야 한다. 성령과 말씀을 통해 균형 있는 삶으로 나아가야 한다.

셋째, 분향단이다. 분향단은 하나님께 감사기도를 드리는 장소다. 우리가 성령 충만하고 말씀에 충만한 삶을 살고 있는 동안에도 사탄은 우리를 유혹한다. 하나님 말씀이 아니라 내 말이 옳다고 생각하게 만든다. 교만을 통해 우리를 무너뜨리려고 한다. 우리는 여기서 그쳐서는 안 된다. 제사장이 분향단에 감사기도를 드리는 것처럼 모든 것이 예수님의 은혜요, 성령의 능력임을 항상 감사해야 한다.

한편, 감사로 예배를 드리는 성도는 하나님을 영화롭게 한다. 이러한 절대적인 감사가 있을 때 우리는 휘장을 넘어 세 번째 단계의 예배, 곧 지성소에서 드리는 예배로 나아갈 수 있다.

◇ 지성소에서의 예배: 성령님의 임재를 경험하는 단계

최종 단계인 지성소에서 드리는 예배가 바로 예배의 마지막 단계이자 성령님의 임재를 경험하는 예배다. 지성소는 야훼가 거하시는 곳이며 '아론의 싹난 지팡이' '만나 한 오멜을 담은 항아리' '십계명이 담긴 언약궤'가 있는 장소다. 우리는 예배의 세 번째 단계로 들어감으로써 확실한 성령님의 임재를 체험할 수 있다.

그런데 성령님의 임재를 경험하는 세 번째 단계에서 중요한 것이 있다. 바로 스스로 대제사장이 되어야 한다는 것이다. 대제사장은 지성소에서 백성들을 대신해 해마다 속죄하였다. 바로 그곳을 중보기도하는 장소로 삼았던 것이다.

이처럼 하나님의 임재를 경험하는 예배는 나를 위해서만 드리는 예배가 아니라 이웃과 나라를 위해 중보하는 예배라 할 수 있다. 성장하는 성도가 성령님의 임재를 체험하며 기도하면 이웃과 조국, 나아가 온 열방을 살릴 수 있다.

주님은 영과 진리로 예배드리는 예배자를 찾고 계신다. 우리는 예배를 드릴 때마다 먼저 예수님의 보혈을 의지하여 절대 긍정의 자화상을 확립할 수 있다. 성령님의 기름 부으심과 하나님의 말씀을 통해 절대 감사의 세계로 들어갈 수 있다.

정리하자면, 성령님의 임재를 누리며 예배하는 성도는 반드시 성장하며 결국 예수님을 닮아 간다. 성장하는 성도의 나아갈 길은 성령님이 임재하시는 예배를 드리는 것에서부터 시작한다.

양육(people)

예배를 통해 하나님의 임재를 경험하였다면 다음 단계로 성령님과 동행하는 사람을 양육해야 한다. 우리가 하나님의 사랑을 느낄 수 있는 방법이 예배였다면 예수님이 우리에게 말씀하신 이웃 사랑을 실천할 수 있는 방법은 양육이다. 예배와 소그룹을 통해 성령님께 사로잡힌 사람들을 양육하는 일은 참으로 중요하다.

1) 성령님과 동행하는 사람은 예배를 통해 세워진다

우리가 드리는 공적 예배와 구역(소그룹) 예배가 서로 동떨어지지 않는 이유가 무엇일까? 성도는 예배를 통해 하나님의 임재와 사랑을 경험하고 거듭난 삶을 살게 된다. 거듭난 성도는 제자가 되어 하나님의 사랑을 삶의 현장에서 전하기 위해 흩어지게 된다.

그러나 흩어져 전도의 삶을 사는 과정에서 많은 성도들이 상처를 입는다. 여기서 흩어져 상처를 입은 영혼이 다시 모여 위로를 경험할 수 있는 장소가 바로 소그룹이다. 소그룹은 흩어져 상처받은 영혼들을 모아 위로함으로써 다시 힘을 받아 나아갈 수 있도록 돕는다.

교회는 예배를 통해 하나님께 영광을 드리는 것은 물론 소그룹을 통해 성도들을 위로하고 육성하는 건강한 순환 구조를 만들어 내야 한다. 예배와 소그룹이 적절하게 순환될 때 '어떤 한 사람(a Man)'이 말씀 안에 거하게 되는 것은 물론 자기 십자가를 지고 예수님을 따르는 제자, 바로 '그 사람(The Man)'이 될 수 있다. 그렇게 될 때 공적인 예배에서의 감격이 일상으로 이어지고 삶 전체가 예배화된다. 곧 하나님과 동행하는 삶, 주님을 떠날 수 없는 삶이 완성되는 것이다.

2) 성령님과 동행하는 사람은 예수 그리스도의 제자가 된다

우리는 어떻게 성령님과 동행하는 사람이 될 수 있을까? 그 답은 단순하고 간명하다. 우리 자신이 먼저 '예수 그리스도의 제자'가 되는 것이다. 예수님의 제자가 되려면 첫째, 자기를 부인해야 한다. 한 알의 밀알이 땅에 떨어져 많은 열매를 맺기 위해서는 먼저 그 씨가 죽어야 한다.

둘째, 십자가를 져야 한다. 십자가를 진다는 것은 주님이 우리에게 주신 사명을 감당하는 것이며 예수님처럼 자신을 희생하는 것이다. 희생하지 않고서는 십자가를 질 수 없고 진정한 제자가 될 수 없다. 따라서 그리스도인들은 일상에서 이타적인 삶을 살아야 한다. 마치 초대교회 성도들이 성령을 체험한 후 유무상통한 것처럼 이웃의 어려움을 외면하지 말아야 한다.

셋째, 제자가 되려면 열매 맺는 삶을 살아야 한다. 열매는 곧 성숙이다. 성령님은 우리에게 은사와 능력, 권능을 주시지만 가장 큰 성령님의 능력은 열매 맺는 삶을 살게 하는 데 있다. 성령님과 동행하는 사람에게서는 어둠을 밝히는 빛의 능력이 나타난다.

단 3%의 소금이 바닷물의 짠맛을 유지하듯이, 비록 적은 수이지만 참된 제자는 세상에 큰 영향력을 끼치며 하늘나라의 가치를 선포하는 존재로 우뚝 서게 된다. 무엇보다 성도의 열정, 세상을 이기는 능력, 참 제자로 거듭나는 능력은 모두 성령님의 은혜 안에 있다.

또한 늘 그 은혜 안에 거하는 방법은 마음을 다하고 목숨을 다하고 힘을 다하여 하나님을 사랑하는 것이다. 그때 비로소 우리는 이웃을 내 몸과 같이 사랑하는, 아름답게 성장하는 성도로 주님 앞에 설 수 있을 것이다.

3) 성령님과 동행하는 사람을 양육하는 자세

◇ 눈높이를 맞추다

우리는 양육에 있어 중요한 자세를 겸비해야 하는데 그것은 성령님의 방식에 따라야 한다. 우선 성령님은 우리에게 먼저 다가오시고 우리와 눈높이를 맞추신다. 성령님은 누구보다 우리의 마음을 잘 헤아리시며 가장 깊이 있는 위로로 우리를 다시 세우신다.

그렇다면 우리 역시 그렇게 사람들을 양육해야 한다. 눈높이를 맞추는 소통, 진정한 섬김이 있는 양육, 그런 사랑이 사람들을 회복시키며 세워 나갈 수 있다.

◇ 다음 세대를 위해 몸을 낮추다

다음 세대는 교회의 희망이다. 다음 세대가 무너지면 교회도 무너진다. 지금 성령님은 무너져 가는 다음 세대를 회복시키기 위해 우리를 부르신다. 우리는 그 부르심에 따라 다음 세대를 위해 몸을 낮추고 눈높이를 맞추어야 한다.

◇ 성령님이 허락하시는 무한한 아이디어를 얻다

성령님과 동행하는 사람들을 양육하기 위한 아이디어는 성령님을 의지하는 한 무한하게 얻을 수 있다. 우리가 사람들을 향한 사랑과 열정을 가지고 성령을 의지한다면 이러한 아이디어와 통찰은 어려운 일이 아니다.

우리는 예배와 소그룹 양육을 통하여 성령님과 동행하는 사람을 세워 나가야 한다. 예수님이 제자를 세우셨고 그 제자들에게 또 다른 제자를 세우라고 하신 것처럼 교회 자체가 제자를 양육하는 하나님의 나라로 발돋움해야 한다. 성령님께 사로잡힌 사람은 예수 그리스도의 제자가 되어 세상을 변화시켜 나간다. 무엇보다 제자는 예수님처럼 작은 성육신을 통해 다음 세대를 향해 몸을 낮추어 소통하게 된다.

이제 새롭게 세워진 일꾼들을 지역 사회와 열방으로 파송해야 한다. 이 기능이 원활하게 이루어지려면 예수님이 지신 십자가의 은혜(Grace)와 하나님의 사랑(Love)과 성령의 권능(Power)이 기반이 되어야 한다.

갈보리 십자가의 은혜로 구원받은 사람이 하나님의 사랑으로 사람을 사랑할 때 다른 사람을 세워 줄 수 있고 끝까지 양육할 수 있는 성령님의 권능을 받게 될 것이다.

오직 성령이 너희에게 임하시면 너희가 권능을 받고 예루살렘과 온 유대와 사마리아와 땅끝까지 이르러 내 증인이 되리라 하시니라 (행 1:8).

권능(Power)

성도의 삶은 성령님의 권능 없이는 불가능하다. 반대로 성령님이 함께하시면 권능을 받을 수밖에 없다. 만약 믿음이 흔들리고 있다면 성령을 모시는 일에 최선을 다하면 된다. 능력을 얻기 위한 인간적인 방법을 다 거두고 능력을 주시는 분만 의지해도 다시 일어설 수 있다.

1) 모든 에너지는 성령의 권능에 있다

성경은 성령님이 임하시면 권능을 받는다고 말한다. 권능은 헬라어로 '뒤나미스'(δυναμιs)인데 이 용어는 강력한 힘을 의미하며 '다이너마이트'의 어원이기도 하다. 그만큼 성령을 통해 주어지는 권능은 말 그대로 성도를 강력하게 만든다.

그런데 이는 물리적인 강력함을 의미하기도 하지만 그보다 영적인 강력함을 의미한다. 권능을 받으면 인간의 부정적인 사고가 믿음으로 인해 절대 긍정으로 변하게 된다. 또한 꿈과 비전을 가지게 되고 이것을 이룰 능력을 얻게 된다. 이렇듯 성령의 권능은 말과 생각을 변화시킨다. 성도가 성령의 권능을 받아 그 능력 안에서 변화할 때 영적인 절대 감사의 삶을 실천하며 살아갈 수 있다.

2) 권능은 변화로 이어진다

권능은 변화로 이어져야 한다. 내가 나를 바꾸지 않으면 남도 변하지 않는다. 나의 변화가 공동체의 미래를 결정지을 수 있다. 그리고 이 과정에서 성령님은 무한한 가능성을 허락하신다.

때문에 성도의 변화는 중요하다. 위기 상황에서 자신을 먼저 돌아보고 내가 고쳐야 할 것과 발전시켜야 할 것을 개선해 나갈 때 그 공동체는 반드시 회복되고 성장한다. 우리가 반드시 기억할 것은 스스로를 잘 인도하지 못하면 타인도 인도하지 못한다는 것이다. 거듭난 성도라면 먼저 자신을 돌아보고 관리한다. 그때 하나님은 더 큰 은혜와 지혜를 허락하시며 공동체를 이끌어 갈 능력을 허락하신다.

3) 지속적인 성장을 위한 셀프 리더십(Self-leadership)

여기서 함께 살펴볼 수 있는 것이 셀프 리더십의 중요성이다. 셀프 리더십은 말 그대로 스스로를 이끄는 리더가 되는 것이며 동시에 오늘날 모든 교회의 성도들이 가져야 할 리더십이다. 여기에는 학자들이 정리한 일곱 가지 요소가 포함되어 있는데 이 요소들을 통해 성령의 도우심 안에서 우리가 강화해야할 점들을 점검해 볼 수 있다.

우선 일곱 가지 중 전제가 되는 것은 성령의 권능과 직결되는 영성이다. 그리고 이것을 기반으로 성령의 인도하심을 따르려는 우리의 여섯 가지 노력(지성 인성 사회성 전문성 시간 관리 체력 관리)이 더해지면 지속적인 성장과 변화가 성령의 권능 안에서 가능해진다.

◇ 영성 눈에 보이지 않는 것을 보는 것이 영성이다. 영성이 있는 자는 하나님의 말씀에 귀 기울이게 되고 하나님의 뜻에 민감해진다. 곧 영성은 기도와 말씀을 기본으로 하며 기도와 말씀이 지속되는 만큼 성도의 영성은 더 깊어진다. 더불어 교회도 더 건강해진다.

◇ 지성 자신을 잘 인도하려면 끊임없이 공부해야 한다. 열정은 결국 공부를 통해 반영된다. 한 영혼이라도 더 살리고자

하는 사람은 더 알고 싶고 더 배우고 싶다. 영혼을 살리기 위해 지성을 키워 나가는 것은 나를 성장시키는 일은 물론 타인(성도)과 교회를 성장시키는 일이다.

◇ 인성 실력은 인성으로 완성된다. 아무리 열정이 뜨겁고 실력이 출중해도 인성에 문제가 있으면 사람들이 떠난다. 특히 교회는 유기적인 공동체여서 인성이 더욱 중요하다. 하나님께 도우심을 구하며 인성 관리를 할 때 영성이 더 깊어진다.

◇ 사회성 내 옆에 있는 누군가가 앞으로 어떤 존재가 될지는 아무도 모른다. 모두가 하나님 안에서 무한한 가능성과 잠재력을 가진 존재이므로 존중해야 한다. 그리고 그 사람과의 만남을 소중히 여기며 배워야 할 부분은 겸손히 배워야 한다. 만남 하나하나가 하나님의 주관으로 이루어진 것임을 기억해야 한다.

◇ 전문성 하나님이 허락하신 나만의 장점이 있다. 그 장점을 극대화해야 한다. 남이 잘하는 것을 잘하려고 하지 말고 하나님이 내게 주신 장점을 강화하기 위해 에너지를 써야 한다. 성경적으로는 은사와도 연결시킬 수 있다. 하나님이 나 한 사람에게 부탁하신 그 일이 있고, 그 일을 위해 주신 능력이 있다. 그것을 발견하고 키워 나가야 한다.

◇ 체력 관리 모든 것을 갖추었어도 건강을 잃으면 모든 것을 잃은 것이나 다름없다. 기도를 하는 것도, 성경을 읽는 것도 체력이 필요하다. 성도는 건강관리를 잘해야 한다. 하나님이 주신 우리의 몸을 소중히 여기고 운동 등을 통해 지속적으로 관리해야 한다.

◇ 시간 관리 시간은 하나님이 모든 사람에게 주신 선물이다. 그 선물을 어떻게 활용하느냐에 따라 인생이 달라진다. 특히 성장하는 성도는 시간을 어떻게 사용하느냐에 따라 성장의 질이 완전히 달라진다.

지금까지 살펴본 변화의 구체적인 모습들은 어려워 보일 수 있지만 성령의 권능을 힘입는다면 충분히 가능하다. 성도 각자가 먼저 변화되고자 엎드릴 때 성령의 권능 아래서 변화될 수 있다.

사실 사람이 변화되고 성숙해지는 일은 너무나 어렵다. 그러나 성령님이 이끄시면 가능하다. 특히 성도의 변화가 공동체의 회복을 위해 가장 중요한데 이는 성령의 권능을 통해 실현될 수 있다. 무엇보다 성도의 삶이 변화되면 선교적 삶을 살아 성령님의 선교 목적을 이루게 된다.

목적(Purpose)

성장하는 성도의 나아갈 길은 우리를 창조하신 주님의 목적대로 사는 것이다. 성령님과 함께하면 본래의 인생 목적을 찾을 수 있다. 결국 주님을 따르는 성도는 복음을 목적으로 살게 된다.

1) 복음이 목적이다

우리가 추구해야 할 목적은 무엇인가? 목적은 이전에 우리가 생각하지 못했던 특별하고 새로운 무언가가 아니다. 지금까지 시도되지 않았던 새로운 변화들을 맹목적으로 따라갈 필요는 없다. 성도가 바라보아야 할 목적은 바로 '복음'이기 때문이다. 복음에 모든 초점을 맞추는 것이 교회 회복과 부흥의 출발점이 된다. 복음으로 돌아가야 한다.

신앙의 최종 목적지, 마지막에 도달해야 할 곳은 천국이다. 그 천국은 복음을 듣고 믿어야 갈 수 있다. 아무리 힘쓰고 애써도 그 목적지가 천국 복음과 어긋나면 소용이 없다. 누군가 눈에 보이는 성공을 이루었다 할지라도 삶의 목적이 올바르지 않다면 그 성공이 무슨 소용이 있을까? 결국 중심을 잃고 흔들리게 될 것이다. 안팎에서 다양한 사역을 위해 고군분투한다고 해도 복음이 없다면 무의미하다. 하지만 복음이 삶의 목적이 되면 '절대 긍정' '절대 감사'의 삶을 살게 된다.

2) 우리가 추구해야 할 본질은 무엇인가?

그렇다면 우리가 목적으로서 추구해야 할 본질은 무엇인가? 이 물음에 대해 사람들은 '본질로 돌아가자' '본질을 회복하자' 라는 말을 자주 한다. 그러나 그만큼 익숙하면서도 막연하게 다가오는 것이 '본질'이다. 이제 우리가 목적으로 삼고 추구해야 할 본질에 대해 다시 한번 분명하게 짚어 보자.

◇ 본질은 복음이다

본질이 무엇인가? 그 답은 생각보다 간단하다. 복음 그 자체가 본질이기 때문이다. 조금 더 세부적으로 살펴보면 복음이란 '복음을 받아들이는 것'과 '복음을 전하는 것'으로 다시 나뉜다. 결국 교회와 성도는 복음을 그 자체로 믿고 지켜야 하며 동시에 세상에 그 복음을 증거해야 한다.

◇ 성도에게 주어진 복음 증거의 사명

예수님은 부활 승천하시기 전에 제자들에게 복음 증거의 사명을 마지막으로 맡기셨다. 제자들은 그 말씀에 순종하여 선교와 부흥의 역사를 이루어 나갔다(행 1:8).

이와 같이 성장하는 성도는 복음 증거에 집중해야 한다. 예수님은 지금도 성도 한 사람 한 사람을 제자로 부르신다. 성도가 제자로 부름을 받았다면 이제 세상에서 제자 삼는 일에 헌신해야 한다.

◇ 선교적 교회에 대한 거룩한 움직임

다행히도 오늘날 '선교적 교회'에 대한 관심이 높아지고 있다. 선교적 교회란 본질로 돌아가고자 하는 노력의 일환이라 할 수 있다. 선교적 교회를 향한 거룩한 움직임이 복음 전파의 사명을 감당할 수 있다. 바로 성도 개개인이 선교사적 삶을 사는 것이다.

이제 삶의 현장에서 선교사의 마음으로 영향력을 끼쳐야 한다. 이 본질로 나아가는 발걸음이 한국 교회 회복을 위한 중요한 신호탄이 될 것이다.

3) 목적으로 돌아가기 위한 방법

◇ 결국 '사랑'이다

복음 안에서 본질은 결국 '사랑'이다. 하나님이 예수 그리스도를 보내 주셔서 대속의 제물로 삼으셨을 때 사랑이 복음 그 자체임을 증거하셨다. 우리는 복음, 곧 하나님의 사랑을 받아들였고 이제 그 사랑을 전파하는 것이 '선교'라고 할 수 있다.

전도와 선교는 일방적으로 복음의 메시지를 전하기만 하면 되는 것이 아니다. 먼저 이웃을 사랑으로 섬기는 일이 필요하다. 무엇보다 사랑은 결코 부정적이지 않다. 선교적 성도는 '절대 긍정'의 자세로 사랑을 실천하며 불평불만을 하지 않는다. 또한 '절대 감사'하며 증인으로서 복음을 보다 효과적으로 전하게 된다.

◇ 복음을 위해 비본질은 변할 수 있다

본질과 관련하여 우리가 기억해야 할 것은 본질과 비본질의 '구분'이다. 본질은 우리가 반드시 지켜야 하는 것, 절대로 바꾸어서는 안 되는 것을 말한다. '그것'이 되기 위한 가장 기본적인 것, 존재의 이유라고 할 수 있다. 근원이 변질되면 그것은 더 이상 본질이 아니다. 이 본질이 바로 복음이다.

반대로 비본질은 변형이 가능한 것을 말한다. 본질 위에 든든하게 서 있으면 비본질적인 부분은 어떠한 형태여도 괜찮다. 비본질은 본질을 더욱 본질답게 할 수 있을 경우 여러 형태를 취할 수 있다. 복음의 능력은 예수님의 십자가를 통한 '절대 긍정'의 삶으로 나타난다. 복음은 성도를 사회에서 만나게 되는 어려움이나 문제, 고난을 극복하고 더욱 강한 존재로 성장하게 한다.

4) 성령님의 목적이 회복되면

성령님의 목적이 회복되면 성도는 세상에서 빛과 소금의 역할을 담당하게 된다(마 5:13-14).

먼저 빛은 어떤 역할을 하는가? 빛은 어둠을 밝힌다. 어둠을 밝히는 것은 단순히 어두운 방에 불을 켜는 것을 의미하지 않는다. 아무런 장애물이 없는 안전한 공간에서도 앞이 보이지 않으면 사람은 불안을 느낄 수밖에 없다. 이때 빛으로 공간이 밝아지면 사람들은 자유함을 얻는다. 성도들이 빛과 같은 존재가 되면 어디를 가든 사람들에게 자유함을 제공하는 역사를 일으킬 수 있다.

다음으로 소금은 어떤 역할을 하는가? 소금 역시 매우 큰 영향력을 가진다. 동해의 염도는 3.3%다. 약 3%의 소금이 바다 전체를 짜게 만든다. 이것이 소금의 '영향력'이다.

소돔과 고모라를 치시려는 하나님을 아브라함이 만류했을 때 하나님은 "저 큰 성들 안에 하나님의 사람이 열 명만 있어도 그 성을 지켜 주겠다"(창 18장)고 약속하셨다. 소금은 적은 인원으로도 세상을 변화시킬 수 있다는 가능성을 드러낸다. 이처럼 우리가 본질을 회복하면 적은 인원으로도 세상의 공동체를 변화시키는 주체가 될 수 있다.

성숙과 회복을 위해 우리가 되돌아가야 할 목적지는 '복음', 곧 하나님의 '본질'이다. 이제 본질은 지키되 비본질적인 부분에서는 과감하게 변화를 꾀할 수 있는 용기가 필요하다. 그리할 때 성도는 하나님의 능력을 덧입게 된다. 복음에 담긴 사랑을 전하는 가장 기본적인 기독교의 기능을 회복할 수 있다.

성도가 성령님이 주신 목적을 향해 나아가면 스스로 치유되고 회복되는 것은 물론 하나님 나라를 확장시킬 동력을 제공받게 된다. 그야말로 성도가 이 세상에서 제 역할을 감당할 수 있게 되는 것이다.

계획(Plan)

지금 한국 사회는 포스트모더니즘의 영향으로 탈권위주의와 개인주의, 무종교주의, 세속화를 함께 겪으며 혼돈에 빠져 있다. 동시에 한국 교회도 이러한 세속주의적 인본주의의 영향으로 개인의 신앙생활과 선교, 교회 성장에 많은 도전을 받고 있다.

이 상황에서 성도는 성령님과 함께 계획을 세우고 하나님의 인도하심에 순종해야 한다. 곧 성장하는 성도의 나아갈 길은 임재 사람 권능 목적 그리고 계획이다. 그렇다면 주님이 인도하시는 계획이란 무엇인가?

1) 하나님은 우리를 향해 절대 긍정의 계획을 품으신다

◇ 회복과 성장을 위해서는 계획이 필요하다

하나님은 전지전능하신 분이다. 마음만 먹으면 못하실 일이 없다. 교회의 문제를 단번에 회복시키실 수도 있다. 그러나 하나님은 질서의 하나님이며 심는 대로 거두시는 분이기도 하다. 때로는 즉각적으로 말씀하시기도 하지만 대부분은 우리 인생 가운데 분명한 계획을 두고 일을 진행하신다. 특히 하나님의 계획에는 초월적인 능력뿐만 아니라 우리의 노력도 포함되어 있다. 즉 하나님은 우리도 계획을 세우며 나아갈 것을 요구하신다. 또한 그 계획을 실현하기 위해 성실하게 노력하는 모습을 기쁘게 받으신다.

계획의 중요성은 성경에도 잘 나타나 있다.

> 마음을 살피시는 이가 성령의 생각을 아시나니 이는 성령이
> 하나님의 뜻대로 성도를 위하여 간구하심이니라(롬 8:27).

성령님은 하나님의 뜻대로 성도를 위하여 간구하신다. 여기서 '뜻대로'라는 말은 헬라어로 '*κατα*'(카타)이며 정확하게는 '계획대로'를 의미한다.

성령님은 하나님이 계획하신 바가 이루어지도록 우리를 위해 간구하신다. 곧 계획하는 것은 하나님의 뜻이다. 이제 성도와 교회는 하나님이 계획하신 것을 분명히 파악하고 반드시 계획 가운데 모든 일을 해야 한다.

◇ 하나님이 기뻐하시는 계획은 절대 긍정으로 귀결된다

일반적으로 세상이 말하는 계획에는 시행착오가 수반되게 마련이다. 계획한다고 해서 다 이루어지는 것이 아니다. 오히려 실패와 실수가 허다하게 나타나는 것이 정상이다. 그러나 하나님의 계획 혹은 하나님이 우리에게 원하시는 계획에는 실패가 없다. 하나님의 시각에서는 모두가 성장이며 성숙이고 성공이다. 세상적인 시각에서는 실패로 보일 뿐인 것도 그렇다.

이러한 하나님의 섭리를 잘 보여 주는 사건이 바로 예수님의 십자가 죽음이다. 세상 사람들은 그 사건을 실패와 절망으로 여겼다. 그러나 하나님의 시각에서는 가장 큰 영광의 순간

이자 승리를 거둔 사건이었다. 하나님의 계획은 절대 긍정의 계획이므로 우리는 절대 긍정의 시각에서 하나님의 계획을 믿고 따라야 한다.

> 우리가 알거니와 하나님을 사랑하는 자 곧 그의 뜻대로 부르심을 입은 자들에게는 모든 것이 합력하여 선을 이루느니라(롬 8:28).

2) 어떻게 계획을 세워야 하는가?

◇ 먼저 하나님이 기뻐하시는 계획인가 분별하라

그렇다면 계획은 어떻게 세워야 할까? 보통은 인간의 머리로 스케줄을 짜고 우선순위를 정해 계획을 세운다. 하지만 여기서 말하는 계획은 그렇지 않다. 인간의 머리는 도구일 뿐이며 하나님의 뜻이 중심이 되어야 하기 때문이다. 따라서 내 판단, 내 생각대로 계획을 세우고 추진하기보다 하나님의 뜻이 무엇인지 먼저 물어야 한다.

또한 그 뜻에 따라 계획을 세워야 한다. 아무리 겉으로 보기에 하나님을 위한 일 혹은 하나님을 기쁘시게 하는 일이라도 하나님이 보시기에는 그렇지 않을 수 있다. 분명 하나님을 향한 거룩한 선교 사역 같지만 실제로는 인간을 드러내기 위한 일이 될 수 있다.

이처럼 드러나는 것이 전부가 아님을 간과해서는 안 된다. 하나님과 관련된 것처럼 보인다 할지라도 철저하게 하나님께 물어야 한다. 기도의 자리로 나아가 정말로 하나님이 기뻐하시는 것인지를 확인해야 한다.

◇ 성령님을 의지하며 수시로 물어라

위의 과정을 통해 계획이 세워졌다면 그다음부터는 일을 진행해 가면서 성령님께 수시로 물어야 한다. 계획을 세웠다고 해서 안심할 것이 아니라 성령의 이끄심 대로 가고 있는지를 지속적으로 확인하고 점검해야 하는 것이다. 이렇게 성령님께 묻지 않으면 내 뜻을 따라 가면서도 문제의식을 느끼지 못할 수 있다. 내 뜻이 하나님의 뜻인 양 착각할 수 있다. 그러므로 매 순간 겸손한 자세로 하나님께 먼저 물어야 한다. 이 방향이 맞는지 이대로 계속 가도 되는지 하나님의 뜻에 부합하고 있는지를 시시각각 묻고 살펴야 한다.

결국 모든 대안은 성령님의 인도하심에 있고 성령님의 계획 안에 있다는 것을 분명히 알아야 한다. 예수님 역시 공생애 동안 하나님의 말씀에 순종하심으로 모든 사역을 이루셨음을 기억하자. 오늘날도 마찬가지다. 한국 교회의 위기 상황에서 성령님의 계획에 열정적으로 부응하는 성도만이 한국 교회의 위기를 극복해 낼 수 있다.

3) 계획에 따라 실천한 후 절대 감사로 기다리라

◇ 결과가 어떠하든 절대 감사를 고백할 수밖에 없다

어떤 이들은 아무런 노력도 하지 않으면서 하나님이 알아서 해주실 것이라고 생각한다. 하지만 하나님의 계획 안에는 우리의 노력이 반드시 포함된다. 하나님이 우리를 위해 노력하시는 만큼 우리도 하나님이 준비하고 계신 계획을 실현하기 위해 노력해야 한다. 이렇게 하나님과 우리의 노력이 합쳐질 때 비로소 놀라운 기적이 일어난다.

한편, 열정을 다한 후로는 절대 감사를 고백하며 기다려야 한다. 결과가 어떠하든 하나님이 이미 우리의 노력과 열정을 받으셨기에 우리는 감사할 수밖에 없다. 만약 우리가 생각하는 대로 일이 이루어지지 않았다 할지라도 절대 감사를 고백하면 감사할 일이 더 많아지게 된다.

◇ 계획이 있으면 세상에 휘둘리지 않는다

믿음의 선조들은 성령을 받은 후 땅끝까지 나아가 복음의 증인이 되었다. 그 무엇도 그들의 발걸음을 막을 수 없었다. 그들을 둘러싼 환경과 각종 어려운 상황들은 믿음의 선진들이 품고 있는 절대 긍정의 열정을 엄몰할 수 없었다. 그들은 세상의 환경과 문화에 휩쓸린 것이 아니라 오히려 물이 바다를 덮음같이 세상 끝까지 뻗어 나갔다.

마찬가지로 우리 역시 성령의 인도하심 안에서 계획을 세우고 나아가면 어디서든 열정을 쏟을 수 있다. 그리고 절대 감사의 고백과 함께 회복으로 나아갈 수 있다.

성장하는 성도는 절대 긍정의 계획을 품으신 하나님을 신뢰하며 위기를 극복할 수 있음을 믿어야 한다. 인간의 열정은 컨디션과 환경에 영향을 받는 만큼 분명한 한계를 가진다. 따라서 성령님을 통해 계획을 세우고 성령님으로부터 열정을 공급받아야 한다. 진정한 열정을 부어 주시는 분은 성령님이기에 성령님이 우리 안에 임하시면 열정과 더불어 권능을 받게 된다. 그 가운데서 우리는 하나님의 계획에 한 발짝 더 가까이 나아가게 된다.

오늘날 한국 교회에 대한 우려가 크다. 더 이상 회복 불가능하다는 판단도 다수를 이루고 있다. 그러나 우리에게는 하나님이 주신 계획이 있는 만큼 희망이 있다. 무엇보다 그 계획을 주도하시는 분이 성령님이기에 우리는 결코 좌절할 수가 없다.

끝으로 성령님의 인도하심을 받는 성도의 나아갈 길 다섯 가지를 큰소리로 외쳐 보자.

첫째, 임재 : "나는 성령님의 임재를 사모합니다."
둘째, 사람 : "나는 성령님과 동행하는 사람입니다."
셋째, 권능 : "나는 성령님의 권능을 받았습니다."
넷째, 목적 : "나는 예수님의 증인이 될 것입니다."
다섯째, 계획 : "나는 성령님의 계획을 따릅니다."

2.

미래 목회,
아직 우리에겐 희망이 있다

우리는 예배자다

한국 교회의 성도들은 코로나19 시대를 맞아 그리스도인으로서 예수님의 향기를 나타내며 살고 싶지만, 그렇지 못한 자신의 모습에 안타까워하며 눈물 흘리고 있다. 마치 운전대를 단단하게 붙잡고 목표를 향해 잘 가고 있다고 생각했는데 엉뚱한 지점에 도달했을 때 느끼는 허탈함처럼…. 성도들은 지난 수십 년간 신앙생활을 열심히 해왔음에도 불구하고, 사방이 꽉 막혀 버린 것 같은 어려움을 호소하고 있다. 이처럼 쉽지 않은 형편 중에도 아름다운 성장을 거듭하는 성도가 되려면 어떻게 해야 할까?

'운전대를 하나님께 맡기라'는 메시지를 한 번쯤 들어 본 적이 있을 것이다. 하나님이 가라고 하시면 가고, 후진하라고 하시면 후진하는 믿음과 순종이 필요하다는 의미다. 이때 다음과 같은 질문이 생긴다.

"하나님이 원하시는 방향이 무엇인지, 어디로 가라고 하시는지 어떻게 알 수 있을까?"

성도들은 선택의 기로에서 고민하며 답을 찾아 헤맨다. 그렇다면 우리는 하나님의 뜻을 어떻게 발견할 수 있을까? 그 답은 바로 '예배'에 있다. 우리는 예배 시간에 하나님의 음성을 들을 수 있다.

앞에서도 잠시 언급했지만 성막의 구조를 다시 한번 생각해 보자. 성전의 뜰에 들어서면 주님의 보혈로 나의 죄를 씻는 제단을 만난다. 그곳에서 죄 사함을 받고 성소로 들어가면 성령의 빛을 상징하는 일곱 촛대와 하나님의 말씀을 뜻하는 열두 진설병이 있다. 우리는 일곱 촛불에 흐르는 성령의 기름 부으심을 받고, 열두 진설병에 담긴 하나님의 말씀대로 살아야 한다. 지성소 휘장 앞에는 향단이 있는데 우리는 그곳에서 감사의 향을 올려드리며 하나님 앞에 나아간다. 1년에 한 번, 대제사장만 들어갈 수 있던 지성소 안에 들어간 우리는 드디어 하나님의 임재를 경험한다. 예수 그리스도의 십자가로 인해 둘로 찢어진 휘장 안으로 나아가 하나님의 임재 속에서 내 삶을 온전히 의탁한다. 그때 비로소 우리는 내가 붙들고 있던 운전대를 하나님께 맡겨 드릴 수 있다.

주님은 예배자를 찾고 계신다. 영과 진리로 예배하는 자, 성령과 그리스도의 말씀을 통해 하나님의 임재를 누리고, 성소에서 하나님을 예배하는 성도는 반드시 성장한다.

성령님이 이끄신다

예전에 경기도에 위치한 한 중형교회의 'CARE 프로젝트'를 진행하며 현재 교회가 처한 상황과 성도들의 인식을 살펴본 적이 있다. 안타깝게도 성도들 중 22%는 자신의 신앙이 침체되어 있다고 응답했다.

아마도 이런 현상은 코로나 시대에 더욱 가중되었으리라 짐작된다. 그렇다면 왜 성도들의 열정이 식고 있을까? 그 이유는 세속 문화의 물결에 휩쓸리기 때문이기도 하지만 근본적으로는 예수 그리스도를 주인 삼지 않고 내가 주인이 되어 있기 때문이다.

인간의 열정은 자신의 컨디션과 환경에 영향을 받기 때문에 분명한 한계를 가진다. 그렇기에 열정을 회복하는 길은 사실 한 가지밖에 없다. 성령님으로부터 열정을 받아야 한다. 진정한 열정을 부어 주시는 분은 성령님이시며, 성령님이 임하시면 열정과 더불어 권능을 받게 된다.

믿음의 선조들은 성령을 받은 후 땅끝까지 나아가 복음의 증인이 되었다. 그 어떤 것도 그들의 발걸음을 막지 못했다. 그들을 둘러싼 환경, 각종 어려운 상황들은 믿음의 선진들이 품고 있는 성령의 열정을 엄몰할 수 없었다. 그들은 세상의 환경과 문화에 휩쓸린 것이 아니라 오히려 물이 바다를 덮음같이 세상 끝까지 뻗어 나갔다.

마찬가지로 우리 역시 성령의 인도하심 안에서 열정을 마음껏 쏟아 낼 수 있다. 그리고 회복을 향해 더 가까이 나아갈 수 있다.

우리를 예수님의 제자로 부르셨다

앞서 성령의 인도하심에 대해 설명했다. 그렇다면 우리는 어떻게 성령의 인도하심을 받을 수 있을까? 그 답은 단순하고 간명하다. '예수 그리스도의 제자'가 되는 것이다.

예수님의 제자가 되려면 첫째, 자기를 부인해야 한다. 한 알의 밀알이 땅에 떨어져 많은 열매를 맺기 위해서는 먼저 그 씨가 죽어야 한다.

둘째, 십자가를 져야 한다. 십자가를 진다는 것은 주님이 우리에게 주신 사명을 감당하는 것이며 예수님처럼 자신을 '희생'하는 것이다. 희생하지 않고서는 십자가를 질 수 없고, 진정한 제자가 될 수 없다. 따라서 그리스도인들은 일상의 삶에서 이타적인 삶을 살아야 하며, 초대교회 성도들이 성령을 체험한후 유무상통한 것처럼 이웃의 어려움을 외면하지 말아야 한다.

셋째, 제자가 되려면 열매 맺는 삶을 살아야 한다. 열매는 곧 성숙이다. 성령님은 우리에게 은사와 능력, 권능을 주시지만 가장 큰 성령의 능력은 '열매 맺는 삶을 살게 하심'에 있다.

성령과 동행하는 사람에게서는 어둠을 밝히는 빛의 능력이 나타난다. 단 3%가량의 소금이 바닷물의 맛을 바꾸듯, 비록 적은 수이지만 참된 제자는 세상에 큰 영향력을 끼치며 하늘나라의 가치를 선포하는 존재로 우뚝 서게 된다. 무엇보다 성도의 열정, 세상을 이기는 능력, 참 제자로 거듭나는 능력은 모두 하나님의 은혜 안에 있다. 또한 늘 그 은혜 안에 거하는 방법은 '마음을 다하고, 목숨을 다하고, 힘을 다하여 하나님을 사랑하는 것'이다. 그때 비로소 우리는 '이웃을 내 몸과 같이 사랑하는' 아름답게 성장하는 성도로 주님 앞에 설 수 있을 것이다.

1. 하나님이 기뻐 받으시는 예배 하나만으로도 한국 교회가 변화되는 기틀을 마련할 수 있다고 생각하는가?

2. 한국 교회에서 절대 놓치지 말아야 할 본질과 변화시켜도 될 비본질적인 것을 나누어 보자(각자 교회의 상황에 맞게).

3. 한국 교회의 회복에 있어 성령의 도우심을 느끼고 있는가? 그렇다면 그 근거는 무엇인가?

PART 5. 대안이 있어 희망이 있다

마무리하며

이 책은 다소 부정적인 뉘앙스로 시작되었다고 해도 과언이 아니다.

그러나 그런 문제제기와 현실 직시는 결국 희망을 위한 발판이었다. 회복은 반드시 회개를 전제로 하기 때문에, 우리의 문제를 인식하고 돌이키는 과정을 거쳐야 했던 것이다.

이어서 한국 교회의 회복을 위해 우리가 더욱 강조해야 할 것들을 하나씩 살펴보았다. 그 안에 담긴 원리에 대해서도 살펴보았다. 물론 이런 이야기들이 '~하라'는 정언적인 느낌으로 받아들여질지도 모르겠다. 하지만 '~하라'는 것은 곧 '~하면 해결된다'는 것을 내포하기 때문에, 달리 보면 그 자체가 희망을 담고 있다고도 할 수 있다. 이러한 대안이 있다는 것은 미래가 있다는 것이고 돌파 가능성이 있다는 것이기 때문이다.

한국 교회에 대한 우려와 염려, 더 이상 회복 불가하다는 판단들이 난무하지만 우리에게는 대안이 있는 만큼 희망이 있다. 무엇보다 그 대안을 허락하는 분은 성령님이시다. 결국 우리가 잊지 말아야 할 것은 나를 성장시킬 수 있는 유일한 분은 하나님 아버지라는 사실이다.

> 나는 심었고 아볼로는 물을 주었으되 오직 하나님께서 자라
> 나게 하셨나니 그런즉 심는 이나 물 주는 이는 아무것도 아
> 니로되 오직 자라게 하시는 이는 하나님뿐이니라 (고전 3:6-7).

우리가 하면 할 수 없지만 성령님이 이끄시기에, 위기는 희망으로 바뀔 수 있다. 단, 우리가 성령을 온전히 의지하는 한!